LANDESKUNDE
DER
PROVINZ POMMERN

MELCHIOR
Historischer Verlag

Das bemerkenswerte Buch

Landeskunde der Provinz Pommern

aus dem Jahr 1912

erscheint im Rahmen historischer Heimatkunden
in der Geographischen Bibliothek des Melchior Verlages.

Die Geographische Bibliothek enthält ausgewählte Literatur zur
Landes- und Heimatkunde des letzten Jahrhunderts
und stellt anhand dieser eindrucksvollen Zeitzeugen
einzelne Länder und Provinzen des
Deutschen Kaiserreiches
umfassend vor.

Mit dem dokumentierten Wissensschatz unserer Vorfahren
erhalten wir so ein lebendiges Bild längst vergangener Tage
und einen interessanten Einblick in die geschichtliche,
territoriale, gesellschaftliche und wirtschaftliche
Entwicklung Deutschlands.

Nach der Originalausgabe
aus der Verlagshandlung Göschen in Leipzig
mit zusätzlichen Bildern und Karten versehen.

M

Reprint

ISBN-Nr.: 978-3-944289-65-6
www.melchior-verlag.de

LANDESKUNDE DER PROVINZ POMMERN

von
Dr. W. Deecke
Professor an der Universität Freiburg
im Breisgau

Reichsadler des Deutschen Reiches.

Inhaltsverzeichnis

Das Landeswappen der Provinz Pommern.

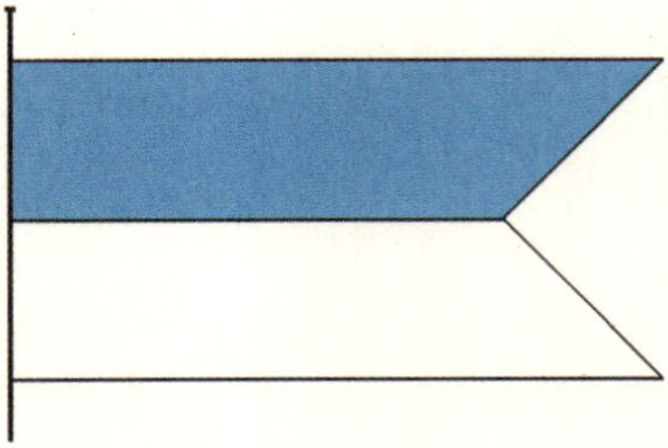

Die Landesfarben der Provinz Pommern.

Oberflächengestalt

Pommern, die fünftgrößte Provinz des Königreichs Preußen, besitzt 30.128 qkm Fläche. Es liegt zwischen Mecklenburg, dem preußischen Provinzen Brandenburg und Westpreußen und der Ostsee. Der Name Pommern leitet sich wahrscheinlich aus dem Wendischen ab und soll soviel bedeuten, wie das „Land am Meer“, wobei wohl in erster Linie das insel- und boddenfreie Gestade zwischen Cammin und Leba nebst dessen Hinterland gemeint war.

Die Ostsee greift ungefähr in der Mitte mit der Pommerschen Bucht und dem Stettiner Haff tief in das Land ein. In die südlichste Stelle des Haffs mündet die von Schlesien kommende Oder, deren breites Tal den bedeutendsten Terrainabschnitt des Landes darstellt. Dadurch wird Pommern in zwei ungleiche Hälften, Vor- und Hinterpommern zerlegt, die zwar heute keine selbständige Bedeutung mehr besitzen, aber sich infolge teilweise eigener historischer Entwicklung und verschiedenen Klimas etwas unterscheiden[1].

Die Grenzen Pommerns sind folgendermaßen bestimmt. Der nördlichste Punkt liegt an der Ostsee, wo die westpreußische Grenze diese erreicht, auf 54° 48´ Breite und 15° 43´ ö. L. von Paris. Von dort läuft das Meeresufer gegen Westsüdwest in annähernd gerader, gelegentlich etwas gebogener Linie bis zur Swinemündung mit der Position 53° 55´ Breite und 12° ö. L. Dann biegt die Küste nach Nordwest ab, um in Arkona auf Rügen das andere Nordende zu erreichen (54° 42´ Br. und 11° 6´ ö. L.). Eine weniger tiefe Bucht zwischen den Inseln Rügen und Zingst greift in Vorpommern ein; gleich westlich derselben am Darß bei Ahrenshoop zieht die Grenze durch das Binnengewässer des Saaler Boddens nach Ribnitz.

Dieser Stadt gegenüber liegt bei Damgarten der westlichste Punkt Pommerns (54° 16´ Br. und 10° 5´ ö. L.). Von Ribnitz folgt die Grenze gegen Mecklenburg erst dem unteren Tal der Recknitz, dann dem Tal der Trebel

[1] M. Wehrmann, Landeskunde der Provinz Pommern, 5. Aufl. Breslau 1909.

Eisenbahnen (Durchgangs- und Expreßzug - Linien)
NORDSEE ODER DEUTSCHES MEER
DÄNEMARK
Seeland
Fünen
Großer Belt
Laaland
Falster
Alsen
Fehmarn
Nordfriesische In.
Schleswig-Holstein
Schleswig
Kiel
Lübeck
Helgoland
West- u. Ost-Friesische In.
Rostock
MECKLE
Schwerin
Altona
HAMBURG
Harburg
Wilhelmshaven
Emden
OLDENBURG
Oldenburg
Bremen
Zuidersee
NIEDERLANDE
AMSTERDAM
Haag
Rotterdam
Vlissingen
Hannover
Osnabrück
Hannover
Bückeburg
Braunschweig
Magdeburg
Bielefeld
Hildesheim
Münster
Detmold
Westfalen
Essen
Dortmund
Krefeld
Elberfeld & Barmen
Düsseldorf
Arolsen
Cassel
Nordhausen
Sondershausen
Prov. Sachsen
Dessau
Halle
Leipzig
Gent
Antwerpen
BRÜSSEL
BELGIEN
Lüttich
Köln
Aachen
Hessen-Nassau
Erfurt
Gotha
Weimar
Altenburg
Gera
Rudolstadt
Greiz
Gießen
Meiningen
Rheinland
Koblenz
Frankfurt
Coburg
LUXEMBG.
Luxemburg
Sedan
Trier
Mainz
Darmstadt
Worms
Mannheim
Bamberg
Nürnberg
Reims
Pfalz
Speyer
Heidelberg
Metz
ELSASS
Karlsruhe
Straßburg
Nancy
Stuttgart
Ulm
Augsburg
MÜNCHEN
LOTHRINGEN
BADEN
WÜRTTEMBERG
Hohenzollern
Mülhausen
Basel
Konstanz
Bodensee
Bregenz
Zürich
Dijon
FRANKREICH
BAYERN
Rhein
Main
Donau
Mosel
Elbe
Weser
Ems
Lahn
Neckar
Isar
Saône
Seine
Marne
Doubs
Maas
Ill
21
22
23
24
25
26
27
28
29
30
55
54
53
52
51
50
49
48
47
5
6
7
8
9
10
11
12 Östl.

DEUTSCHES REICH
Preußen
Anhalt
Braunschweig
Lippesche Lande
Schwarzburgische Lde
Sächsische Herzogtümer
Reußische Lande
Waldeck
Maßstab 1 : 6.000.000
0 50 100 150 200 Kilometer
BALTISCHES MEER
OSTSEE
Bornholm
Memel
Memel od. Niemen
Tilsit
Königsberg
Pregel
Danzig
Elbing
Mauersee
Spirdingsee
Ost-Preußen
West-Preußen
Pommern
Kolberg
Rügen
Saßnitz
Usedom
Wollin
Stettin
Oder
Bromberg
Thorn
Weichsel
Brahe
Drewenz
Netze
Warthe
Posen
BERLIN
Frankfurt
Brandenburg
Spree
Glogau
Bober
Neiße
Görlitz
DRESDEN
Breslau
Schlesien
Reichenberg
Prag
Elbe
Böhmen
Moldau
Budweis
Mähren
Olmütz
Brünn
Troppau
March
Thaya
Nieder-
Ober-
Linz
Donau
WIEN
Preßb.
Neusiedler See
Österreich
Krakau
Wieliczka
Galizien
Kalisch
Lodz
Pilica
Polen
WARSCHAU
Bug
Narew
Lublin
San
RUSSLAND
Ferro 32 33 34 35 36 37 38 39 40 41
Greenw. 14 15 16 17 18 19 20 21
55 54 53 52 51 50 49 48 47

bis Demmin, darauf gegen Südwest dem Lauf der Peene unter der Achse des Kummerower Sees bis dicht vor Malchin. Von dieser Stadt läuft sie mit Ausnahme eines Zipfels bei Treptow a. T. beinahe Ost-West bis Friedland i. M. und erreicht im Grenzmoor von Galenbeck-Ferdinandshof die Uckermark. Die Grenzlinie gegen die Provinz Brandenburg ist durch die Orte Pasewalk und Löcknitz, dann durch das gebogene Randow- und Welsetal bis nach Schwedt an der Oder bezeichnet. Östlich des Hauptflusses greifen Pommern und Neumark mehrfach unregelmäßig ineinander; Königsberg i. N., Schönfließ, Pyritz, Bernstein, Arnswalde, Reetz, Kallies, Märkisch-Friedland geben etwa die Trennungslinie an. Von diesem zweiten Friedland bis zum Ausgangspunkt an der Ostsee stößt im Südosten die Provinz Westpreußen an.

Der südlichste Punkt Pommerns befindet sich westlich von Schönfließ (52° 55´ Br. und 12° 12´ ö. L.). Die westpreußische Grenze geht etwas gebogen von Friedland nach Jastrow, dann scharf auf 55 km Länge nach Norden abknickend bis Baldenburg, darauf nach Nordost über Bütow bis Schrödersfelde und zum letzten Mal nach Norden biegend bis zum Meer.

Von dieser historisch entstandenen Grenze ist, abgesehen vom Meer, natürlich gegeben nur das pommersch-mecklenburgische Grenztal der Recknitz und Trebel, Peene und Kummerower See, das Friedländer Moor, Randow- und Welsetal. Die hinterpommersche Grenze hält sich ungefähr an die Konfiguration des Baltischen Landrückens, ohne indessen mit seinen Hauptelementen, z. B. der Wasserscheide, direkt zusammenzufallen.

Vor- und Hinterpommern unterscheiden sich wesentlich in der Küstenform. In letztem haben wir eine ausgeglichene Uferlinie (Glattküste), ohne Einschnitte, Vorsprünge oder vorgelagerte Inseln. Der ganze Meeressaum besteht aus zwei großen Bogen, die sich etwa in der Mitte bei Köslin vereinigen. Der östliche ist etwas stärker gekrümmt und hat hinter der äußersten Dünenzone eine fortlaufende Reihe vom Meer abgesperrter Strandseen, nämlich von Ost nach West Sarbsker (6,7 qkm), Leba- (75,3), Vietzker- (11,2), Bitter- (8,5), Buckower- (18) und Jamund-See (23). Dem westlichen Abschnitt fehlen Seen nicht ganz, z. B. Kamper- (6,2 qkm), Fiersberger See (2,5); sie sind aber kleiner und spärlicher.

Dagegen ist Vorpommern ringsum eine Inselreihe vorgelagert, bestehend aus Wollin, Usedom, Ruden, Greifswalder Oie, Rügen, Zingst und Darß. Diese sperren tief in das Land eingreifende Wasserflächen unvollkommen gegen die See ab, sodass Haffe, Bodden und Sunde entstehen. Usedom und Wollin begrenzen im Norden das Stettiner Haff (798 qkm) und sind ihrerseits durch die drei Ausflüsse der Oder, durch Unterpeene, Swine und Dievenow bestimmt. Dievenow und Peenestrom erweitern sich seeartig und schaffen damit den Camminer Bodden und das Achterwasser hinter Usedom, die morphologisch den hinterpommerschen Strandseen gleichstehen.

Die Inseln Ruden und Rügen begrenzen den Greifswalder Bodden (508 qkm), an den sich zwischen Rügen und dem Festland der Strelasund (30 km lang und im Durchschnitt 3 km breit) als nördlichster Ausgang anschließt.

Usedom ist innen, Rügen außen und innen stark gelappt, ja sogar in Inseln aufgelöst.

Hinter Darß und Zingst liegen der Grabow- (ungefähr 60 qkm) und die Barther- (35), Bodstedter- (20), Saaler Bodden, der letzte an Größe etwa dem Lebasee vergleichbar. Diese alle zusammen haben einen Ausweg in den Kubitzer Bodden, dem Nordwestende des Strelasundes, aber zeitweilig bei Sturmfluten auch direkt zwischen Darß und Zingst oder Darß und dem mecklenburgischen Festland, sodass Darß und Zingst eigentlich nur durch Kunstbauten zusammenhängen und mit dem Festland verbunden sind. Vor der Küste befinden sich in der See noch einige bedeutendere Untiefen. Vor der hinterpommerschen Küste liegt die Stolpebank; in der Pommerschen Bucht gerade vor der Swine die Oderbank, westlich von Nordrügen der Plantagenetgrund, vor dem Darß die Prerowbank. Wir können sie als untergetauchte Inseln auffassen.

Vorpommern stellt eine niedrige, im höchsten Punkt kaum 100 m Höhe erreichende wellig-hügelige Ebene dar, die durch den Sund, die Peene und die Ucker in vier Abschnitte zerfällt. Der nördlichste Abschnitt ist die Insel Rügen, deren höchster Punkt auf Jasmund 160,7 m misst; der zweite

PROVINZ

31 Östl. Länge v. Ferro
30
32
13
14
15
Malmö
SCHWEDEN
Ystad
Sund
I. Seeland
55
I. Möen
BALTISCHES
I. Bornhol
Rönne
Rügen
H. I. Wittow
Vgb. Arkona
Wiek
Tromper Wiek
I. Hiddensee
Stubbenkammer
Sagard
Sassnitz
Jasmund
Darser Ort
Zingst
Prerow
Gingst
Rugard
Bergen
Prorer Wiek
oder
OS
Barth
Putbus
Binz
Mönkgut
Stralsund
Garz
Rügener Bodden
Dammgarten
Richtenberg
Greifswalder Oie
Greifswalder B.
I. Ruden
Franzburg
Peenemünde
Grimmen
Wiek
Tribsees
Greifswald
Eldena
Wolgast
Zinnowitz
Loitz
Usedom
I.
Heringsdorf
Swinemünde
Wollin
Kammin
54
Gützkow
Züssow
Jarmen
Lassan
Demmin
Peene
Usedom
Misdroi
Anklam
Kummerow See
Malchin
Leopoldshagen
Ducherow
Kleines Haff
Grosses Haff
Altwarp
Neuwarp
Treptow
Ukermünde
Eggesin
Ziegenort
Friedland
Torgelow
Stepenitz
Gollnow
Neu Brandenburg
Jatznick
Jasenitz
Waren
Tollense S.
Pölitz
Müritz S.
Pasewalk
Grabow
Löcknitz
STETTIN
Damm
Neu Strelitz
Alt
Prenzlau
Pomerensdorf
Penkun
Podejuch
MECKLENBURG
Maßstab 1:1650000
Geogr. Meilen
Kilometer
Regierungsbezirk Stettin
" " Köslin
" " Stralsund
Neumark
Woltin
Greifenhagen
Garz
Oder
Pyritz
Fiddichow
Bahn
Gerraden
Nipperwiese
Schwedt
Die Regierungsbezirks Hauptstädte sind doppelt, die Kreisstädte einfach unterstrichen.
Eisenbahnen.
53
Regierun

OMMERN.

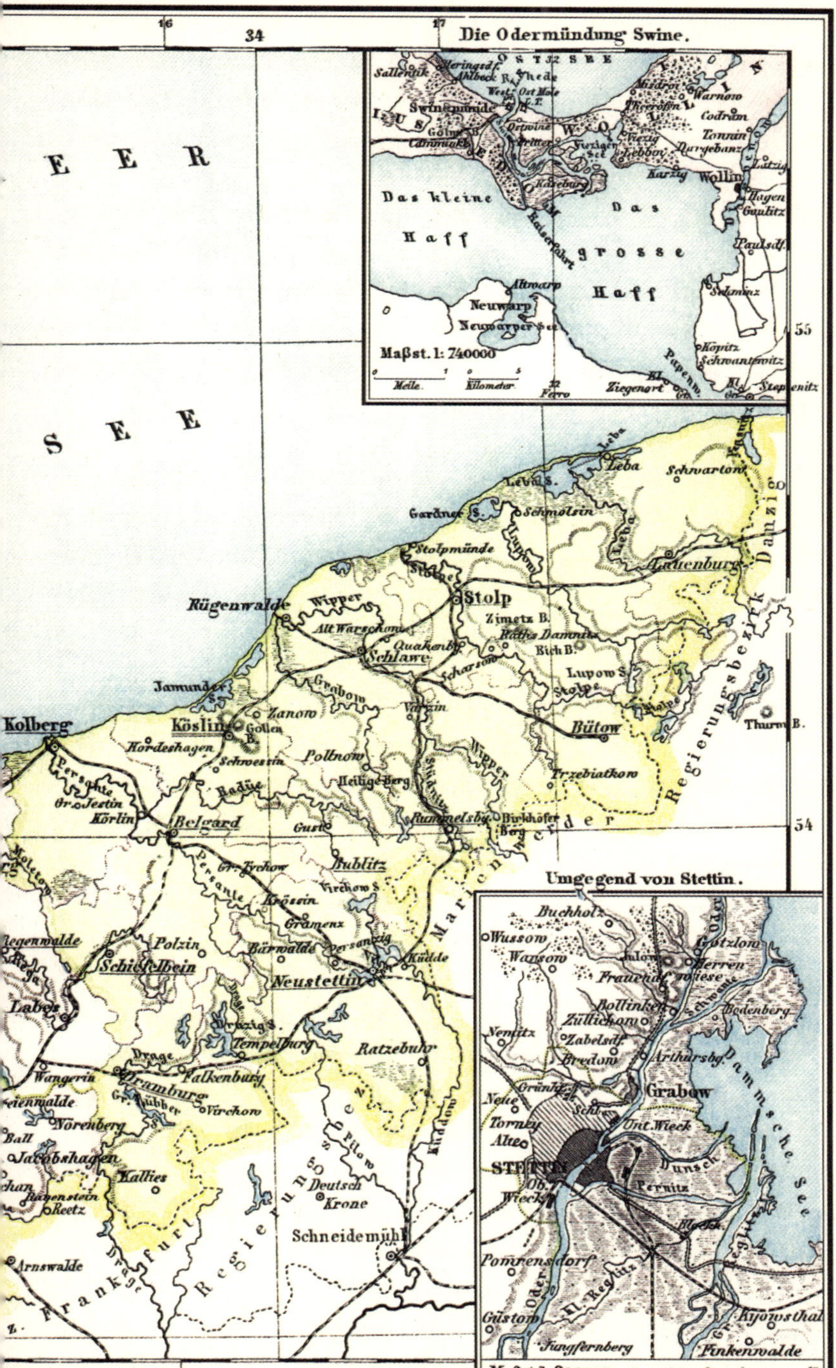

Die Odermündung Swine.
OSTSEE
Swinemünde
Wollin
Das kleine Haff
Das grosse Haff
Neuwarp
Neuwarper See
Altwarp
Ziegenort
Stepenitz
Maßst. 1: 740000
Meile
Kilometer
Ferro
EER
SEE
Leba
Lebas S.
Gardner S.
Schmolsin
Stolpmünde
Stolp
Lauenburg
Schwartow
Rügenwalde
Wipper
Alt Warschow
Schlawe
Quakenbg.
Zimetz B.
Bich B.
Lupow S.
Stolpe
Bütow
Thurm B.
Jamund S.
Kolberg
Köslin
Gollen B.
Zanow
Grabow
Varzin
Nordeshagen
Schwessin
Pollnow
Heilige Berg
Wipper
Trzebiatkow
Persante
Gr. Jestin
Körlin
Belgard
Radüe
Gust
Rummelsbg.
Birkhöfer Berg
Bublitz
Gr. Tychow
Virchow S.
Krössin
Gramenz
Regenwalde
Polzin
Schievelbein
Bärwalde
Neustettin
Küdde
Labes
Drage
Dratzig S.
Tempelburg
Ratzebuhr
Wangerin
Falkenburg
Dramburg
Virchow
Jacobshagen
Kallies
Reetz
Arnswalde
Deutsch Krone
Schneidemühl
Pilow
Küddow
Regierungsbezirk Danzig
Marienwerder
Regierungsbezirk
Frankfurt
16
17
34
55
54
Umgegend von Stettin.
Buchholz
Wussow
Warsow
Gotzlow
Herrenwiese
Frauendorf
Bollinken
Züllichow
Zabelsdf.
Nemitz
Bredow
Arthursbg.
Bodenberg
Grabow
Dammsche See
Unt. Wieck
Neu Torney
Alt
STETTIN
Ob. Wieck
Dunsch
Pommensdorf
Oder
Kl. Reglitz
Güstow
Jungfernberg
Finkenwalde
Maßst. 1: 200000
Kilometer
Meile

heißt Neuvorpommern und besitzt Höhen, die bis 55 m ansteigen, im Durchschnitt 25-30 m erreichen; die beiden anderen bilden Altvorpommern mit Maximalerhebungen von etwas über 100 m (Altenhagen 107, Vogelsang nordwestlich Stettin 131 m).

Das Land östlich der Oder, also Hinterpommern, ist eine schildförmige, nordöstlich streichende flache Erhebung. Sie steigt ganz allmählich vom Meer an, erreicht in der Gegend der westpreußischen Grenze ihre größten Höhen von über 200 m (Schimmritzberg 256 m, Steinberg 234 m, Dombrowaberg 210 m) und dacht sich im südlichen Westpreußen ebenso langsam zum breiten Netzetal ab.

Zahlreiche kleine Flüsse laufen daher gegen Nordwest und Nord zum Meer und rufen dadurch eine Gliederung in Querstreifen hervor. Eine schwache, gelegentlich schärfer ausgeprägte treppenförmige Abdachung parallel der Meeresküste bedingt, dass die Flüsse meistens einen stark gekrümmten Lauf erhalten.

Die höheren inneren Abschnitte sind stark hügelig, unregelmäßig kuppig gestaltet und daher reich an Eindellungen, Senken, Trichtern ohne bestimmte Anordnung. Wiederholt finden sich derartige kleine Hügelgebiete isoliert in den vorliegenden flacheren Landstrichen zu beiden Seiten der Höhenachse und fallen dann, z. B. die Schmolsinerberge mit Revekol (115 m), der Gollenbergzug bei Köslin (137 m), die Buchheide bei Stettin (Koslower Höhe 135 m), besonders auf.

Hinterpommern trifft auf der Höhe des Landrückens eine sehr deutlich entwickelte Seenzone, die pommersche Seenplatte. Anderthalb Dutzend größerer und sehr viele kleine Seen, Teiche und Tümpel ziehen sich als ca. 30 km breite Zone von Bütow bis Freienwalde. Innerhalb dieses Streifens befindet sich ein abflussloses Gebiet, das weder zur Oder noch zur Weichsel oder direkt zur Ostsee seine Niederschläge entsendet, diese vielmehr nur durch Verdunstung oder Versickern abgibt.

Die wichtigsten hinterpommerschen Seen sind von Nordost bei Bütow beginnend: Jassener- (5,8 qkm), Bütower-, Papenziner- (5,3), Virchow- (7,7),

Dolgen-, Vilm- (18,3), Streitzig-, Pielburger- (9,3), Gr. Dratzig- (18,6), Zetzin- (7,7), Bansow-, Gr. Lübbe- (14,8), Wotschwien- (8,3), Enzig-See (5,9). Isoliert liegen der Oder zu zwei größere Becken, der Madüe- (36 qkm) und der Plönesee (8,3).

Beide tragen mehr den Charakter der vorpommerschen Wasseransammlungen; das sind weite lange Mulden von gleichmäßigem Umriss, schwach eingesenkt in eine Flusstalebene (Plöne). Derart stellen sich nämlich die wenigen großen Seen Vorpommerns dar, der Kummerower (27 qkm) und Malchiner See, die dem Peenelauf eingeschaltet sind, sowie Borgwall- (5), Pütter- und Krummenhagener See (ca. 2), südlich von Stralsund. Die der hinterpommerschen Seenplatte entsprechende Region liegt westlich der Oder erst in Mecklenburg und läuft vom Tollensesee über die Müritz zum Schweriner See.

Beide Hauptteile Pommerns zeigen also in dem Seephänomen einen verschiedenartigen Charakter. Gemeinsam ist aber beiden das massenhafte Auftreten vieler kleiner Teiche und Tümpel (Sölle genannt) in allen nicht sandigen, sondern mehr hügeligen und mergligtonigen Abschnitten des Bodens. Diese Vertiefungen zählen oft nach mehreren Hunderten auf einem einzigen Messtischblatt. Wo auf den Inseln solche kuppige Landschaft sich entwickelt, begegnet man auch diesen Weihern. Manche derselben, z. B. Herthasee auf Rügen, Jordansee auf Wollin, haben durch ihre Lage und malerische Schönheit einen Ruf.

Von einem eigentlichen pommerschen Flusssystem können wir nicht sprechen. Der wichtigste Wasserlauf, die Oder, gehört Pommern nur im Unterlauf an. Auch in Vorpommern treten der Peenefluss, der aus den Malchiner und Kummerower Seen kommt, und die Ucker, der Ablauf der Prenzlauer Seen, fertig ein. Desgleichen bezieht der Grenzfluss Recknitz sein Wasser aus Mecklenburg. Rügen und Wollin haben naturgemäß nur kleine Bäche. Die einzigen Flüsse Vorpommerns sind Barthe, Ryck und Trebel, die aus Mooren zusammenrinnen und fast ohne Gefälle in viel zu breiten, flachen, vermoorten Betten entlangschleichen. Auch Peenefluss, Landgraben, Ucker und Randow haben derartige Talformen. Randow und Welse zweigen sich bei Schwedt von der Oder ab, von der einst ein

Arm dies breite Tal benutzte. – Den vorpommerschen Flüssen ähnlich sind Plöne, Ihna und Stepenitz, die auf der Ostseite des Stettiner Haffs münden. Anderen Charakter haben erst die folgenden Flüsse und Flüsschen: Rega, Persante mit Radüe, Nestbach, Wipper mit Gabow, Stolpe mit Bütow, Lupow und Leba.

Obgleich die Täler ebenfalls für die darin laufenden Wasser zu weit und deshalb streckenweise tief vermoort sind, entwickelt sich doch mitunter ein wirkliches Gefälle und ein rascherer Abfluss, besonders in den Oberläufen unterhalb der Seenplatte. Diese Flüsse haben alle einen sehr unregelmäßigen, vielfach geknickten und scheinbar willkürlich umbiegenden Lauf, dessen Ursache später zu erörtern bleibt. Bemerkenswert ist, dass die Persante über die eigentliche Wasserscheide nach Südost hinüber greift, bis hart an den Streitzigsee reicht und dadurch mit der Küddow und Drage, den beiden pommerschen zur Netze nach Süden gehenden Flüssen, fast in unmittelbare Verbindung tritt. Auf alten Karten ist dort ein einziger ununterbrochener Fluss gezeichnet.

Pommern ist ungemein reich an Mooren. Fast alle Flusstäler sind breite Grünlandsmoore, die im Winter weithin überschwemmt werden, oder durch welche bei Nord- oder Ostwinden das Moor- und Haffwasser tief in das Land eindringt.

Die untere Oder bei Stettin gleicht bisweilen einem langen breiten See, als dessen ständiger Rest der Dammsche See (56 qkm) aufzufassen ist. Das Peenetal ist bis Demmin gelegentlich in Kilometerbreite mit Wasser bedeckt, bei Sturmflut steigt im Ryck das Seewasser über Greifswald hinauf.

An alle Seen lehnen sich vermoorte Flächen an, viele Seen und Teiche sind völlig versumpft und verlandet, sodass die Moore im Landschaftsbild und in der Kultur Pommerns eine sehr wichtige Rolle spielen.

Die kartographische Darstellung Pommerns ist 1451 zum ersten Mal versucht auf der Karte des Kardinals Nikolaus von Cues, erschienen 1491 zu Eichstätt in Bayern. Auf dieser Karte sind die Oder, das Haff, eine Anzahl Städte wie Sundis, Gripesbald, Stettin eingetragen, aber alles vollständig verzerrt. Mehr gibt Sebastian Münster in seiner Cosmographia und zwar in Liber III Germania. In diese „Tabula Pomeraniae secundum omnes principatus et insigniores civitates; oppida et arces eius“ hat er außer den Städten Rügen, Usedom und Wollin, Frisch Haff (Stettiner Haff) die wichtigsten Flüsse Vor- und Hinterpommerns aufgenommen.

Diese Karte vermittelt uns eine Kenntnis von den damals wichtigen und allgemeiner bekannten geographischen Dingen, wobei das Flussnetz und die Küsten besser bekannt erscheinen als das Binnenland.

Weit ausführlicher sind die Lubinschen Karten in dem Novus Atlas von Willem Blaeu (Amsterdam 1638), die immer wieder aufgelegt worden sind. Zahlreiche Orte, mehr als heute existieren, finden sich z. B. auf Rügen eingetragen; das Flusssystem ist mit peinlicher Sorgfalt, aber ohne Trennung wichtiger und unwichtiger Wasseradern behandelt; große Wälder, Sumpf- und Moordistrikte wurden angedeutet und auf Rügen sogar einige Straßen eingezeichnet.

Auf der Lubinschen Karte von Rügen macht sich die Bedeutung der Seefahrt in Landmarken, Ankergründen usw. bemerkbar. Im 17. Jahrhundert hat die schwedische Regierung Vorpommern genau vermessen lassen. Diese ungemein wichtige Karte befindet sich jetzt im Provinzialarchiv zu Stettin. Heute haben wir an großen Kartenwerken die Übersichtskarte 1:200.000, die Reichskarte 1:100.000, von der 49 Blätter auf Pommern fallen, und die Messtischblätter 1:25.000.

Dazu kommen die von der Admiralität herausgegebenen, immer wieder revidierten Seekarten und zahlreiche lokale Darstellungen, z. B. Wegekarten der Ostseebäder, Führer durch Städte, Eisenbahnkarten usw. Eine Darstellung Neuvorpommerns, die für ihre Zeit ungemein gut war, verdanken wir F. v. Hagenow; eine Karte der gesamten Provinz ist als Nr. 28 in den Flemmingschen Generalkarten (1:520.000) erschienen. Spezialdarstellungen werden am entsprechenden Punkt zu nennen sein.

Rügen. Königsstuhl und Feuerregenfelsen von See aus gesehen.

Geologie[1]

An der Oberfläche des pommerschen Grund und Bodens nimmt in weitaus überwiegendem Maße das Diluvium teil. Die älteren Schichten sind nur auf einige wenige, aus dieser Decke herausragende Vorkommen beschränkt, müssen aber unter dem Diluvium eine nicht geringe Verbreitung und eine recht bedeutende Dicke besitzen.

Die eigentliche Unterlage des Landes bildet voraussichtlich die Fortsetzung des skandinavischen Urgebirges, das mit der Insel Bornholm (Granit) ziemlich nahe an die Grenze von Pommern heranrückt, dann aber so weit in die Tiefe versinkt, dass keine Bohrung es bisher angetroffen hat. Ebenso wenig wissen wir von filurischen oder devonischen Schichten; erst die Dyas scheint ihr Vorkommen dadurch zu beweisen, dass sich an verschiedenen Punkten des Landes, im Besonderen in Vorpommern, Solquellen befinden, die den Salzen des oberen Zechsteins ihr Material entnehmen. Salzwasser haben wir bei Ahrenshoop, Ribnitz, Sülze, Demmin, Golchen, Treptow, Friedland i. M., Barth, Richtenberg, Grimmen, Stralsund, Mesekenhagen, Greifswald, Coblentz, Stettin, Peenemünde, Heringsdorf und Swinemünde, jenseits der Dievenow zwischen Wittstock und Wollin, bei Cammin, Berg-Dievenow und endlich in der Umgebung der Stadt Kolberg.

Die vorpommerschen Salzvorkommen ordnen sich zu vier Zügen zusammen, die Nordwest zu Südost streichen. Die Salzwässer haben jedenfalls seit alter Zeit eine Ausbeutung erfahren und sind im Mittelalter wiederholt bei Greifswald eingesotten worden.

In der Gegend von Kolberg hat vom 13. Jahrhundert bis nach den Freiheitskriegen eine Saline bestanden, die zeitweilig eine hohe Blüte der Stadt erzeugte und einen lebhaften Handel mit dem gewonnenen Salz nach Polen hinein gestattete. Diese Salze werden heutigen Tages nur zu

[1] W. Deeke, Geologie von Pommern. Berlin 1907. Dort ist die ganze umfangreiche Literatur zur Geologie der Provinz zu finden. – F. Wahnschaffe, Die Oberflächengestaltung des norddeutschen Flachlandes. 3. Aufl. Stuttgart 1909.

Solbädern ausgebeutet; alle Versuche, auch z. B. die von Friedrich dem Großen, die Sole wirklich nutzbar zu machen, sind an der Konkurrenz der mitteldeutschen Salzvorkommen gescheitert.

Von der Trias wissen wir recht wenig; sie muss aber im Land vorhanden sein, was einzelne Diluvialgeschiebe beweisen. Etwas besser sind wir orientiert über die Juraformation, die am Rand der skandinavischen Masse auf Bornholm und Schonen zutage tritt, in Pommern vor allem im Gebiet der Dievenow in einzelnen Schollen aus dem Diluvium herausschaut.

Lias ist bei Cammin erbohrt, Dogger auf Wollin und Gristow und bei Grimmen gefunden. Der obere Jura bildet einzelne Klippen in der Gegend von Zarnglaff, Schwirsen, Fritzow und Bartin bei Kolberg. Dieser Malm steht in der Mitte zwischen dem russischen und hannöverschen und deutet uns eine Meeresstraße an, die von England nach Osten sich ausdehnte.

Die mitteleuropäische Hebung am Ende der Jurazeit umfasste auch Pommern und ließ in ihrem Bereich Braunkohlentone mit zahlreichen Chrenen und sonstigen Versteinerungen der Wealdenformation zur Ablagerung gelangen.

Die obere Abteilung der unteren Kreide ist wieder marin und erscheint als ein übergreifender Grünsand. Erst in der oberen Kreide dringt das Meer über die Ränder der skandinavischen Masse vor, und wir haben in Pommern daher Schichten des Cenoman, des Turon und Senon. Die untersten Lagen sind noch sandig, die oberen durchweg kalkig und zwar in der Form der weißen Schreibkreide entwickelt.

Zum Turon gehören die Kreideklippen von Lebbin und Wollin und verkieselte Kreide in der Gegend zwischen Demmin und Malchin. Zum Senon sind die bekannten Klippen der Insel Rügen zu rechnen (Jasmund, Arkona). Als Hauptversteinerungen wären zu nennen: Belemnitella mucronata, Gryphaea vesicularis, Terebratula carnea, Echinoconus vulgaris, Anachytes ovata, Cyphosoma magnificum, Stacheln von Seeigeln, Platten von Seesternen, zahlreiche Bryozoen und Kalkschwämme wie Porosphaera globularis.

Diese obere Kreide ist reich an Feuerstein, der aus zahlreichen Nadeln von Kieselschwämmen hervorgegangen ist und sich in der Form von Knollen in regelmäßigen Abständen bandförmig einschaltet. Die Schreibkreide wird auf Rügen in zahlreichen Brüchen gewonnen, abgeschlemmt und dient zur Herstellung von Kitt, weißer Farbe, Dachpappe und Papier. Die Gewinnung von Kalk hat aufgehört, da die Kreide in Ziegel gepresst werden musste, um gebrannt zu werden. Die Dicke der gesamten Kreideformation in Pommern kann auf ca. 600 m taxiert werden.

Über der Kreide folgt Tertiär, von dem in den letzten Jahrzehnten die untersten Schichten in der Form eines schwarzen, fossilarmen Tones auf der Greifswalder Oie und durch zahlreiche Diluvialgeschiebe bekannt geworden sind.

In diesen Tonen zeigen sich nämlich eingebettet schmale Bänke eines schwarzen Kalksteines, in dem viele feine Obsidiantrümmer eines basaltischen Glases stecken. Man hat nicht mit Unrecht diese vulkanischen Produkte auf die in Schonen im Grundgebirge als Ausfüllung von Schloten erhaltenen Basalte zurückgeführt.

Die nächste Schicht sind fossilführende Sandsteine mit Turritellen, kleinen Korallen und zahlreichen Zweischalern und gehören dem mittleren und oberen Eozän an. Das untere Oligozän ist vertreten durch gelbe und grüne Sande, in denen Bernsteine, Haifischzähne und vereinzelte Muscheln vorkommen. Sie sind ein Äquivalent der in Samland ausgebeuteten, Bernstein führenden grünen Sande und treten in einzelnen Schollen in der Gegend von Stolp und Rügenwalde auf.

Aus umgelagerten Sanden stammt bei Rarvin unweit Cammin das größte, 18 Pfund schwere Stück, das jetzt in Berlin liegt. Von größerer Verbreitung an der Oberfläche sind die mitteloligozänen Schichten und zwar in der Form der zum Teil dicken (60 m) dunklen Septarientone und der intensiv gelben, darüber liegenden Stettiner Sande. Beide sind fossilreich, besonders die letzten, und haben in der Gegend von Stettin die Fossilien meistens im Innern von großen oder kleineren, harten Kalksandsteinkonkretionen bewahrt.

Die Septarientone sind, wo sie vorkommen, wichtige Ziegeltone, die freilich durch den begleitenden oder einen jüngeren Diluvialsand für die Bearbeitung mager gemacht werden müssen. Das Hauptleitfossil des Mitteloligozäns ist Fusus multisulvcatus. Das Meer wich darauf zurück und machte flachen Strandbildungen des Oberoligozäns Platz. Diese sind den in Mecklenburg verbreiteten Sanden mit dem sogenannten „Sternberger Kuchen“ zu vergleichen. Darauf folgt als letztes Glied des Tertiärs eine außerordentlich wechselnde Serie von Sanden, kaolinreichen Kiesellagen, hellen und dunklen Tonen, in denen in außerordentlich wechselnder Zahl und Dicke Braunkohlen eingeschaltet sind.

Man stellt diese Braunkohlen in der Regel zum Miozän; es ist aber gar kein Hindernis, anzunehmen, dass manche von ihnen auch jünger sind und pliozänes Alter besitzen. Damals muss Pommern mit der skandinavischen Masse ohne irgendeine tiefere, der Ostsee entsprechende Furche verbunden gewesen sein. Der Ablauf der Gewässer erfolgte durch das Netzetal, und somit war die Fläche vorbereitet, auf welcher in der nun folgenden Diluvialperiode der große skandinavische Gletscher sich gegen Süden vorschieben konnte.

Das Diluvium ist im Wesentlichen durch die Glazialbildungen charakterisiert. Wir haben in Pommern mehrere Vereisungen anzunehmen, die aber wahrscheinlich nur Schwankungen einer einzigen großen Eiszeit darstellen.

Man unterscheidet im Allgemeinen einen dreimaligen Vorstoß des Inlandeises, von denen der zweite der bedeutendste war und bis an den Rand der deutschen Mittelgebirge heranreichte. Jedenfalls haben wir im Durchschnitt drei Grundmoränen, die durch Schmelzprodukte der Zwischeneiszeiten voneinander getrennt werden. Die interglazialen Bildungen schwellen bis zu 30 resp. 60 m an und beweisen damit, dass jedenfalls einmal während einer längeren Periode das Eis den pommerschen Boden geräumt hatte. Die Grundmoräne ist der sogenannte Geschiebemergel, ein kalkig-toniges, ungeschichtetes Gestein, in welchem zahlreiche Bruchstücke skandinavischer Gesteine regellos eingebettet sind.

Diese Geschiebe haben sehr oft Schrammen, deutliche Politur auf einer oder mehreren Seiten, nicht selten Facetten und beweisen damit, dass das ganze Material nicht etwa vom Wasser fortbewegt, sondern von einem Eisstrom transportiert worden ist. Die Geschiebemergel sind im Allgemeinen sehr dicht gepackt, hart und wenig wasserdurchlässig. Da sie aber die Zerreibungsprodukte zahlreicher kristalliner Gesteine enthalten, so bieten sie den Pflanzen alle nur irgendwie nötigen Nährstoffe, sodass Geschiebemergelboden zu den wertvollsten Ackerländereien der Provinz gehören.

Die interglazialen Bildungen sind in der Regel Sande oder Kiese, wohlgeschichtet, mannigfach sortiert und nach ihrem ganzen Habitus aus Wasser abgesetzt. Wir können nur annehmen, dass die Schmelzwasser des weichenden Gletschers in dem Vorland die verschiedenen Moränen des Eises und zum Teil auch den Geschiebemergel aufgearbeitet haben, Kiese liegen ließen, Sande fortschleppten und seine Tontrübe den großen Glazialströmen oder einzelnen Seen zuführten.

Dass dem wirklich so ist, sieht man am besten an den Resten der letzten Vereisung, welche nicht wesentlich über Pommern hinausging, sondern mit ihren Endmoränen lange Zeit auf dem südbaltischen Landrücken längs einer Linie Lübeck-Eberswalde-Bublitz-Berent stehen blieb. Dort baute das Eis einen nicht sehr hohen, aber ziemlich breiten und im Gelände als ein unruhiger Zug von Kuppen und Hügeln hervortretenden Wall auf (Endmoränenzug). Enorme Massen von wirr aufeinander gepackten Geschieben, die den Boden bedecken und bis tief im Boden stecken, charakterisieren dieses Gelände.

Der größte Teil der Seen fällt in die Endmoränenzone und ist dadurch bedingt, das diese entstandenen Wälle das Wasser nicht mehr nach Süden hin ablaufen ließen.

Zum Netzetal hin geht der Endmoränenwall ganz allmählich durch mächtige Blocktiefe in eine weite große Sandfläche über, auf welcher die Schmelzwasserströme gegen die Netzerinne abgeflossen sind.

DEUTSCHLAND
physikalisch.
NORDSEE
West-u. Ost-Friesische I.
Helgoländer Bucht
Helgoland
Texel
Fünen
Fehmarn
Neustädter Bucht
Hamburg
Bremen
Hannover
Magdeburg
Brocken
Harz
Amsterdam
Rotterdam
Schelde-Mündungen
Ostende
Gent
Antwerpen
Brüssel
Lüttich
Köln
Düsseldorf
Münster
Sauerländisches Bergld.
Westerw.
Taunus
Frankfurt
Hunsrück
Donnersberg
Ardennen
Eifel
Hohe Acht
Sedan
Luxemburg
Rheims
Metz
Nancy
Speyer
Heidelberg
Stuttgart
Schwarzwald
Schwäbischer Jura
Feldberg
Augsburg
Mülhausen
Basel
Constanz
Zürich
Santis
Rigi
Bern
Vierwaldstätter S.
Finsteraarhorn
Jungfrau
Genfer See
Mittel Alpen
Montblanc
Monte Rosa
Lyon
S. Etienne
Dijon
Sulzer Belchen
Mailand
Verona
Ortler
Doubs
Rhône
Po

Östl. von Green wich
Bornholm
Arcona
I. Rügen
Pommersche Bucht
Usedom
Wollin
Pommersches Haff
Stettin
Danziger Bucht
Königsberg
Frisches Haff
Danzig
Weichsel
Bromberg
Thorn
Warschau
Posen
Berlin
Potsdam
Frankfurt
Glogau
Kalisch
Breslau
Lublin
Lysa Gora
Krakau
Wieliczka
Prag
Olmütz
Brünn
Budweis
Greiner W.
Linz
Donau
Wien
Pressburg
Komorn
Raab
Bakonywald
Budapest
Plattensee
Waitzen
Matra
Schemnitz
Debreczin
Tatra
Beskiden
Liptauer Gb.
Gerlsdorfer Spitze
Hochschwab
Semmering
Dachstein
Graz
Klagenfurt
Grintouz
Triglav
Laibach
Triest
Istrien
Agram
Kroatisch-Slavonisches Geb.
Brezovo Polje
Save
Drau
Mur
Senkungsgebiete (eigentliches Tiefland) niedriger als der Meeresspiegel.
Niederland (sogenanntes Tiefland) bis 100 Meter über dem Meeresspiegel.
Niederland (sogenanntes Tiefland) bis 200 Meter über dem Meeresspiegel.
Niederes Berg- & Hügelland u. Hochebene bis 500 Meter über dem Meeresspiegel.
Mittelgebirge und Hochland bis 1500 Meter über dem Meeresspiegel.
Hochgebirge bis 2500 Meter über dem Meeresspiegel.
Hochgebirge höher als 2500 Meter über d. Meeresspiegel.

Je mehr wir uns der letzten nähern, umso feiner wird das Material, und im Netzetal selbst kennen wir eine Menge von tonigen und sandigen Bildungen, die in dem langsam fließenden Strom zum Absatz gelangten. Nördlich des Endmoränenwalls breitet sich da, wo die Hauptmasse des Eises lag, eine mehr oder minder gleichmäßige Ebene aus (Geschiebemergelebene; Pyritzer Weizacker). Auf dieser stehen merkwürdige, gruppenweise angeordnete, langgestreckte, niedrige Hügel, Drums, die man am besten als die Grundmoränenbänke zwischen den einzelnen Eisfäden auffassen kann.

Sie würden also den Schotterbänken der Flüsse entsprechen. Diese Drumlinlandschaft zieht sich von Pyritz bis in die Gegend von Stargard und zeigt durch die radiale Anordnung der einzelnen Hügel, wie das Eis nach den Seiten hin in die Senke des Obertales abgeströmt ist.

Andere merkwürdige, wallartige Rücken heißen Afar. Sie bestehen nur aus vom Wasser transportiertem Gesteinsschutt, also aus Sanden und Kiesen. Sie sehen aus wie ein über der Ebene oder dem Gelände aufragender Fluss, machen Krümmungen und Biegungen, erfahren gelegentlich Unterbrechungen und enden immer auf der Innenseite der großen Endmoränen.

Wir betrachten sie heute als die Schuttmassen, welche in subglazialen Schmelzwasserhöhlen abgelagert und durch das Eis soweit zusammengehalten wurden, dass sie in die Höhe, aber nicht in die Breite wuchsen. Schöne Afar sind auf Rügen (Garz) und bei Demmin beobachtet, allerdings verhältnismäßig klein gegenüber den mächtigen Rücken der Stockholmer Gegend.

Da sie wie ein Wall das Land durchziehen, schmal sind, aber verhältnismäßig gleiche Oberkante haben, so sieht das Volk in ihnen künstliche Bauten, und unter den Namen der „Wallberge“ oder der „Schwedenschanze“ sind sie auf den Karten eingetragen.

Wo die Flüsse den Endmoränenwall durchbrechen, haben wir Lücken desselben, oder wir sehen, dass die Schmelzströme dort das Eis verließen, wo mehrere selbständige größere Lappen des Randes aneinander stießen. In der Regel sind diese Punkte gekennzeichnet durch tief eingesenkte, langgestreckte, flusstalähnliche Seen, die reihenweise hintereinander liegen und sich in der Form von analogen Wasserbecken in dem sandigen Vorland fortsetzen. Dadurch sind wir imstande, den Lauf einiger dieser großen Glazialströme noch annähernd festzustellen (Seen der oberen Drage).

Die Grundmoräne bestand aber nicht nur aus Gesteinsmaterial, sondern auch aus vielen, in der Form von großen Blöcken eingebettetem Eis. Sobald die zusammenhängende Gletscherdecke das Land geräumt hatte, blieben diese Eisstücke in dem Mergelboden zurück, unterlagen einem langsamen Tauprozess und erzeugten nun durch ihr Schwinden zahlreiche trichterförmige Löcher in der Grundmoränenebene, die einen erdfallartigen Habitus besitzen.

Das sind die Sölle, welche zu Hunderten die Geschiebemergelebene bedecken und die in der mannigfachsten Weise erklärt worden sind. Freilich sind einzelne dieser Löcher auch nichts anderes als Mergelgruben, die man zum Mergeln des benachbarten Ackerlandes angelegt hat.

Manche sind künstlich gemacht, um den feuchten Boden nach diesen Senken hin zu entwässern, aber wenn wir alle diese abziehen, so bleiben noch Hunderte und Tausende solcher echten Sölle übrig. Sie sind eine recht charakteristische Erscheinung der norddeutschen Diluviallandschaft, fehlen freilich in dem Sandboden, wo ja die Auflösung des Eises sehr viel rascher erfolgen musste. Zeugen der großen Vereisung sind schließlich die mächtigen erratischen Blöcke. Ihre Heimat ist Skandinavien, wie sich einwandfrei hat feststellen lassen dadurch, dass man dort dieselben Gesteine noch anstehend fand.

Das weichende Eis muss einen Boden hinterlassen haben, der mit solchen Gesteinstrümmern geradezu übersät war. Die Kultur hat mit diesen Findlingen aufgeräumt, und es gibt wohl nur wenige Stellen, wenn wir von dem Endmoränenbogen absehen, an denen man sich eine Vorstellung von der ursprünglichen Gestalt des Landes machen kann. Sobald wir aber mit dem Tiefpflug die oben gereinigte Ackerkrume durchbrechen, stoßen wir unten auf eine Fülle von großen Steinen. Die meisten stattlichen

Geschiebe sind zerschlagen, nur ganz wenige sind durch den Zufall diesem Schicksal entgangen. Dahin gehört der riesige Stein von Groß-Tychow, der auf dem Kirchhof liegt und wohl das größte Geschiebe Norddeutschlands darstellt: Andere sind der Großstein am Nordrand der Insel Gristow, der Bismarckstein bei Treptow a. T.

Vor einiger Zeit wurde bei Puttgarten auf Wittow ein Geschiebe zerschlagen, das 140 cbm Schotter lieferte, desgleichen ein Stein am Tripperbach auf Jasmund mit 550 cbm. Am zahlreichsten beobachtet man solche Geschiebe am Meeresstrand, wo sie aus den durch die Brandung zerstörten Mergeln herausgewaschen und heruntergefallen sind. Der Uskan vor Jasmund, der Möwenstein bei Göhren sind derartige große Blöcke.

Die Hauptmasse des Glazialschuttes stammt aus der Umrandung der mittleren und nördlichen Ostsee, zwischen Bornholm und Umeå, weniger aus dem südwestlichen Finnland, sodass wir wohl mit Sicherheit daraus schließen können, dass die Pommern überflutenden Eismassen etwa in der Richtung der heutigen mittleren Ostsee sich bewegt haben und über die Mark nach Holland abflossen.

Während der Diluvialzeit hat die Ostsee in ihrem heutigen Umfang nicht bestanden, wahrscheinlich existierte nur eine flache Delle, die der allgemeinen Tiefenlinie des jetzigen Meeres entspricht. Wir sehen, dass die Geschiebemergel der ältesten Eiszeit unmittelbar auf Tertiär oder sogar auf Kreide aufruhen: Aber in der letzten Interglazialzeit entstand, von der Nordsee her nach Osten vorgreifend, eine Senke, die vom Meer zeitweilig eingenommen wurde.

Auf Hiddensee beobachten wir wohlgeschichtete Sande mit eingelagerten Bändertonen zwischen dem mittleren und dem oberen Geschiebemergel, das Ganze in einer Dicke von ungefähr 30 m. Diese Tone enthalten eine kleine Muschelfauna, unter der besonders Cyprina islandica zu nennen wäre. Also hat von Holstein her die See zwar Rügen erreicht, aber wenn sie weiter nach Osten gegriffen hat, so ist ihre Ausdehnung nur bis Bornholm und nicht bis nach Hinterpommern gegangen.

Dafür haben wir umso bedeutendere Verschiebungen in der postglazialen Periode. Die Senkungen und Bodenbewegungen, die das interglaziale Meer in das Land hineinführten, gingen in der allerjüngsten Eiszeit weiter und erreichten ihren Höhepunkt, als das Eis das Land bereits geräumt hatte. In dem nördlichen Teil der Ostsee bestand ein sehr kaltes arktisches Meer (Yoldiameer), welches in Schweden und Finnland deutliche Spuren hinterlassen hat, das wir aber in Pommern bisher nicht kennen.

Diese Yoldiasee wurde durch eine Verschließung der westlichen Meeresstraßen (Sund, Belte, Meerenge des Travetals) zu einem Süßwassersee umgewandelt (Ancylussee), dessen Strandwälle auf Bornhom deutlich zu erkennen sind. Aber auch diese Ablagerungen fehlen vorläufig weiter südlich. Ich bin der Ansicht, dass die glazialen Flusstäler, soweit sie bestanden, zur Zeit der Ancylusperiode vermoorten, dass damals noch Pommern mit Bornholm verbunden war, das wir ein Land hatten, welches sich bis zum Nordrand der Oderbucht ausdehnte, sodass hinter dieser ein Süßwasserhaff, das sogenannte Oderbankhaff, sich entwickelte, und das die eigentümlichen Tiefenlinien am Königsstuhl bei Jasmund die alte Mündung der Oder aus diesem Haff bezeichnen.

In der letzten Periode (Litorinazeit) verschwand nun die Verbindung von Rügen mit Bornholm, und das Meer drang tief in den Greifswalder Bodden ein und erfüllte sogar den Mündungstrichter des Ryck. Bewiesen wird uns dies durch zahlreiche Nordseemuscheln (Litorina litorea, Scrobicularia piperita), die sich in dem Baggerschlamm bei Wieck gefunden haben.

Allmählich brach unter dem Druck der Wellen bei fortgehender Senkung auch die dünne Barre der Oderbank durch, und das Meer ergoss sich in die jetzige Oderbucht bis zu den Inseln Usedom und Wollin. Es erfüllte alle alten tiefgelegenen Flusstäler an der hinterpommerschen Küste und erzeugte aus den abgetragenen Diluvialsanden die zahlreichen Dünen, die wir an den Küsten von Rügen und Hinterpommern beobachten. In dem Abschnitt über Prähistorie wird dargelegt werden, welche Beziehung dieser Einbruch des Meeres zu den Siedelungen hat, die damals auf dem pommerschen Boden bereits bestanden.

Bad Polzin. Efeuallee im Kurpark.

Die jüngsten Bildungen gehören dem Alluvium an, und dieses Alluvium setzt sich hauptsächlich zusammen aus Torfmassen, Dünensanden und Schlick, die sich in den Flusstälern und am Strand, in den Sunden, Bodden und Wieken entwickeln.

Durch die Senkung war der Ablauf des Wassers sehr erschwert. Überall hatten wir große, weit ausgedehnte, stehende Wasserflächen in den viel zu weit gewordenen Tälern. Nach und nach setzte sich auf deren Boden durch die Tätigkeit von Pflanzen und Tieren ein organischer Schlamm ab (Faulschlamm), der jetzt den Hauptbestandteil der pommerschen Moore ausmacht.

In der Provinz sind 3.071 qkm Moorboden, d. i. 10,2 % der Gesamtfläche. Daran sind beteiligt der Regierungsbezirk Köslin mit 1.094 qkm = 7,8 %, Stettin mit 1.557 qkm = 12,9 % und Stralsund mit 295 qkm = 10 % der Oberfläche. Die wichtigsten Moore sind: Das Lebamoor (12.200 ha, von denen 2.500, die mit Schlick bedeckt sind, in ertragreiche Wiesen umgewandelt wurden), das Grabowtal auf beiden Seiten des Flusses mit 4.000 ha und 2-4 m mächtigem, gutem Torf, die Moorniederung südwestlich von Kolberg, 2.300 ha, zwischen den Dünen und der Treptower Hochfläche und im Persantetal gelegen, mit 4-5 m mächtigem, sehr gutem Torf, die Moore an der Peeneniederung von Anklam bis Demmin (2.800 ha nutzbarer Torf), die Moore des Tollensetals zwischen Demmin und Treptow a. d. Tollense (2.700 ha messend), das Nassenheider Gutsmoor südlich des kleinen Haffs, ca. 1.000 ha.

Außerdem gibt es noch ca. 150 kleinere Moore von 100-600 ha Fläche. Man sieht daraus, ein wie wichtiges Element in der Landschaft und in der Verwertung des Bodens diese Bildungen darstellen.

Die meisten dieser Moore sind Flusstalmoore oder Niederungsmoore (Grünlandsmoore). Die Hochmoore sind eigentlich nur in den Endmoränenbogen von Hinterpommern vorhanden, Gehängemoore werden nur aus der Polziner Gegend erwähnt. Mit der Ablagerung des Torfs hängt die Bildung von Seekreide zusammen. Diese ist oft die direkte Unterlage des Torfs oder findet sich an den Rändern der Flusstalmoore, wo kalkige Wasser aus dem Geschiebemergel einströmen.

Die Seekreide ist weiß, reich an allen möglichen Süßwasserschnecken und ist zum Teil wohl durch eine Oxydation des Torfes als dessen Relikt entstanden. In der Gegend von Jatznick ist eine Zementfabrik, die diese Seekreide mit Septarienton verarbeitet. Ebenso sind in letzterer Zeit in Hinterpommern die großen Ablagerungen an verschiedenen Stellen in Angriff genommen worden und dienen teils zum Kalken des Bodens, teils nach Pressen in Ziegelform durch Brennen zum Herstellen von löschbarem Kalk.

Mit der Seekreide ist häufig verbunden das Raseneisenerz, dessen Gewinnung in prähistorischen Zeiten und im Mittelalter an sehr vielen Punkten erfolgt sein muss, jetzt aber ganz aufgehört hat. Wo kein Torf zur Ablagerung gelangte, haben wir im Odertal, im Haff und in zahlreichen kleinen Buchten den Absatz von Schlick, der einerseits von der Oder heruntergeführt wird, andererseits vom Meer hereingetragen ist und dann an geschützten Stellen sich absetzt. Diese Schlickmassen rufen eine vorschreitende Verlandung hervor, die besonders durch die großen Rohrpläne gefördert wird.

Am freien Meeresstrand spielen die Hauptrolle die Dünensande, die mannigfach von der Küstenströmung hin und her getragen, schließlich über dem Meeresspiegel angespült und durch den Wind zu den bekannten Wällen zusammengeblasen werden. Dünenkränze bedecken die ganze Oberfläche von Zingst und Darß, bilden den langen südlichen Zipfel (14 km) von Hiddensee, ferner die Bessiner Schar an der anderen Seite des Dornbusches, den Bug, die Schaabe, die Schmale Heide und die Verbindungsstrecken zwischen den Inselkernen von Mönchgut.

Aus solchen angespülten und zusammengeblasenen Meeressanden besteht die Insel Usedom von Peenemünde bis Zinnowitz, ferner der Strand von Bansin bis Swinemünde, auf Wollin von Swinemünde bis Misdroy und von Neuendorf bis zur Dievenow.

In Hinterpommern ist eine fast zusammenhängende Dünenreihe von der Dievenow bis nach Hela entwickelt. Dort haben wir auch die bedeutendsten Dünen, welche zwischen Buckowsee und Leba bis zu 30 m Höhe aufsteigen können. Die Dünen sind im Allgemeinen West zu Ost, entsprechend der

Hauptwindrichtung, orientiert. Sie sind noch keineswegs fest geworden oder durch Niederschlagen der auf ihnen einstmals vorhandenen Wälder wieder zum Wandern gekommen, und so ist denn die Strecke zwischen Stolpe und Lebamündung diejenige, auf der wir in Pommern noch Wanderdünen antreffen.

Dabei schreiten die weißen Sande über die hinter liegenden Wiesen und Torfflächen hinweg, drücken diese durch ihre Last stark zusammen und lassen derartige komprimierte Torf- und Schlickmassen bei weiterem Vorschreiten am Meeresstrand wieder erscheinen. Reißt die See diesen Torf ab und verschleppt ihn durch den Küstenstrom längs des Ufers, so entstehen die vielen sogenannten Meertorfe, die früher eine ausgedehnte wissenschaftliche Literatur erzeugt haben.

Die Wanderungsgeschwindigkeit der pommerschen Dünen ist von Keilhack festgestellt worden. Sie beträgt nach Berechnung aus alten Karten 8-10 oder gar 12-18 m im Jahr, nach der direkten Beobachtung aber nur etwa 2-4 m. Diese wandernden Dünen liegen hauptsächlich im Gebiet der Ortschaften Görshagen, Krohlow und Schlackow, zwischen der Mündung der Lupow bei Rowe und der westpreußischen Grenze.

Man hat sich überall bemüht, diese Dünen durch Strandhaferplantagen fest zu machen, und schützt die noch vorhandenen Bäume und Heidekrautbestände sorgfältigst. Es ist das aber nicht ganz leicht, da der zunehmende Badeverkehr im Sommer und das kaum zu verbietende Betreten des Dünengeländes durch die Badegäste jedes Mal erhebliche Beschädigungen der bindenden Pflanzendecke hervorrufen.

Wo der Dünensand durch die Pflanzen zum Stillstand gelangt ist, da erfährt er unter Einfluss von Humussäuren, die sich überall zwischen die Körner lagern, oft eine derartig feste Bindung, dass ein humoser Sandstein entsteht. Dieser rotbraune oder auch einfach braune feste Sand heißt Ur- oder Ortstein oder Fuchssand. Er ist ziemlich unfruchtbar und verhindert das Aufkommen von größeren Bäumen, da die Wurzeln der jungen Pflanzen durch die etwa ½ m unter der Oberfläche sich ausbreitende feste Schicht nicht hindurch zu dringen vermögen.

Man muss diese Ortsteinbänke künstlich durchbrechen, wenn solche Gegenden neu besamt werden sollen. Wir haben derartige Ortsteinbildungen außer am Strand auch in großer Ausdehnung in vielen Diluvialsandgebieten. Er ist die eigentliche Unterlage der weiten Kiefernbestände im Gebiet von Belgard und Rummelsburg und bildet sich in diesem Gebiet noch weiter.

Schwierig ist es, sich über den tektonischen Bau der Provinz Pommern klar zu werden, weil ja das Diluvium die älteren Formationen verhüllt. Nur im Zusammenhang mit der Nachbarschaft, mit Bornholm und Schonen oder mit den Strukturverhältnissen Mecklenburgs und der Mark Brandenburg, gelingt es einigermaßen, ein Bild vom tieferen Untergrund zu entwerfen.

Es ist wohl kein Zweifel, dass das karbonische Gebirge Mitteleuropas seine letzten Wellen bis nach Pommern geschickt hat, und dass die hinterpommersche Küste ein Ausdruck des sogenannten erzgebirgischen Systems ist. Ebenso sicher können wir annehmen, dass das große tertiäre Bruchsystem, welches in den Horstgebirgen des Harzes und Thüringer Waldes sich kundtut, in Pommern ein wesentliches Element der Struktur darstellt.

Die Nordwest zu Südost gerichteten (herzynischen) Verwerfungen lassen sich ja in der Erstreckung der Lüneburger Heide, des Aller- und Elbetales wiedererkennen; sie reichen bis nach Schonen hinauf, wo sie die Horste des Romeleklint, des Kullen u. a. m. bedingen.

In der Verlängerung dieser schonenschen Horste liegt auch Bornholm, und parallel mit diesen Verwerfungen verläuft die Küste von Vorpommern und der Strelasund. Die Verteilung der Kreide auf Rügen und in Vorpommern lässt sogar mit ziemlicher Bestimmtheit ein herzynisches Bruchland vermuten, dessen einzelne Schollen bald gegen Nordost, bald gegen Südwest geneigt sind und zwischen sich auf den Trennungsriffen die Solquellen aus der Tiefe hervortreten lassen.

Wo die längs Bornholm streichenden herzynischen Verwerfungen die hinterpommersche Küste treffen, macht diese einen ganz eigentümlichen Knick; das ist gerade in der Nähe von Köslin. Dort haben wir auch eine bedeutende Überschiebung jüngerer Bildungen über Tertiär, sodass jedenfalls die Störungen im Boden noch in das Innere des Landes hineinreichen.

Der größte Teil der Verwerfungen wird aus der Tertiärzeit herrühren. Wir können mit Bestimmtheit sagen, dass ein anderer Teil sich erst in oder nach der Diluvialperiode entwickelt hat. Die interglazialen Verschiebungen des Meeres gehen auf solche Störungen zurück; denn auf Rügen liegt der obere Geschiebemergel diskordant gleichmäßig über zusammen verworfenen Kreide- und älteren Diluvialschichten.

Die Verwerfungen können sich an der Oberfläche wegen des mächtigen Diluviums nur in beschränkter Form bemerkbar machen. Wahrscheinlich ist die große Menge von Stauchungen, Verdrückungen und Verschiebungen, die den Geschiebemergel und die Diluvialsande getroffen haben, nicht, wie man bisher meinte, eine Wirkung des Inlandeises gewesen.

Es soll durchaus nicht geleugnet werden, das ein mächtig vorrückender Gletscher seinen Untergrund zusammenstauchen kann, besonders wenn es sich um weiche Gesteine handelt, aber im Allgemeinen gelangt man zu einer besseren Erklärung, wenn man tektonische Ursachen zugrunde legt und annimmt, dass die Eiswirkung im Wesentlichen auf die Abtragung und Verbiegung der oberen, tektonisch gehobenen und dadurch isolierten Schollen beschränkt war. Stauchungen und Überschiebungen sind vor allem aus dem unteren Odertal bekannt, wobei bei Finkenwalde eine viele Millionen Kubikmeter große Masse von Kreide, Septarienton und 40 m mächtigem Diluvium heraufgedrückt worden ist.

Analoge Stauchungen scheinen bei Stralsund im Untergrund zu existieren, ebenso bei Heringsdorf und schließlich am Gollenberg von Köslin. An den drei letzten Punkten haben Bohrungen nach Durchsinken von Tertiär oder Kreide in der Tiefe wiederum Diluvium angetroffen. Es ist garnicht zu begreifen, das ein Gletscher die losen und lockeren Sande nicht weggenommen, sondern diese Massen gleichsam als Ganzes vor sich hergeschoben haben soll. Legt man eine etwa in dem Sinn des Erzgebirges und des Harzes kombinierte Reihe von Störungen zu Grunde, so lassen sich eine Menge von den morphologischen Verhältnissen der Provinz sehr einfach und gut erklären. Zunächst begreift man die Höhenlinie Hinterpommerns, von der nach beiden Seiten treppenförmig das Gelände absinkt. Diese Höhenlinie ist zugleich das Ende des letzten großen Gletschers gewesen und hat dadurch ihre morphologische Bedeutung erhalten.

Nördlich dieser Stillstandlage haben wir ein außerordentlich unruhiges Gelände mit zahlreichen, unmotiviert auftauchenden Hügeln von Geschiebemergel, einzelnen Kuppen von Tertiär und gelegentlich etwas Kreide. Keilhack[1)] hat dieses Gelände als jüngere Stillstandslagen gedeutet und darauf auch die Flüsse in ihrem Lauf zurückgeführt. Ich bin mehr und mehr der Ansicht geworden, dass es sich um verschiedenartig geneigte Schollen handelt, die erst in der Ancylus- oder gar in der Litorinaperiode gebildet wurden und die in ihrem Umriss und in der Gestalt der zugehörigen Flusstäler sehr schön die regelmäßige Figur derartiger Verwerfungen bewahrt haben. Man kann sich davon auch verhältnismäßig leicht überzeugen; denn überall stellt sich dasselbe Bild dar, sobald man von einem größeren Tal nach Osten hin auf die Höhe hinaufsteigt.

Am Fuß der Talränder tritt Tertiär heraus. Darüber liegt wechselndes älteres Diluvium, dann haben wir oben Geschiebemergel und Sande jüngerer Entstehung, die eine außerordentlich gleichmäßige Ebene darstellen. Sie dachen sich langsam gegen Nordost ab und enden an einem zweiten tiefen Talriss, jenseits dessen sich dieselbe Reihenfolge wiederholt. Das macht gar nicht den Eindruck von Stauchungserscheinungen, sondern den von einzelnen spät gestörten Schollen.

Haben wir aber derartige junge ausgedehnte Bodenbewegungen in dem Land gehabt, so wird auch das Flusssystem Hinterpommerns natürlich ganz jung sein. Ich möchte das daraus schließen, dass in den Sanden

1) Geologisch-morphologische Übersichtskarte der Provinz Pommern in: Die Stillstandslagen des letzten Inlandeises und die hydrographische Entwicklung des pommerschen Küstengebietes. Jahrb. d. kgl. preuß. geol. Landesanstalt s. 1899, S. 90-152.

mancher Flussterrassen (Pollnow) sich zahlreiche Pflanzenreste gefunden haben, die sicher nicht der Eiszeit angehören. Ob also das von Keilhack seinerzeit konstruierte große pommersche Urstromtal mit den Stauseen bei Rummelsburg, Belgard und im Stettiner Haff wirklich noch glazialer Natur war, erscheint mir durchaus zweifelhaft.

Ich würde es eher in die Yoldia- oder Ancyluszeit, wenn nicht sogar ganz an das Ende der postglazialen Zeit verlegen. Den Zusammenhang der hinterpommerschen Scholle mit Bornholm und Südschweden kann man auch daran erkennen, dass gelegentlich Erdbebenbewegungen herüber greifen, so z. B. im Jahr 1904, wo das Göteborger Erdbeben in Hinterpommern ganz deutlich gespürt worden ist, dagegen in Vorpommern fast gar nicht bemerkt wurde. Vorpommern ist eben ein von den herzynischen Schollen ganz ausschließlich beherrschtes Gelände, das zwei große breite Streifen darstellt, die vom Strelasund und dem Greifswalder Bodden beinahe in der Mitte getrennt werden. Den beiden letzten entspricht die eigentümliche Talfurche der Recknitz und Trebel, welche sich in der Tollense und dem Landgraben bis in die Uckermark fortsetzt.

Wir haben eigentümliche Störungen in den magnetischen Verhältnissen der Gegend, obwohl wir gerade in dem norddeutschen Flachland vollständig einfache magnetische Kurven erwarten sollten. Die Isogonen in Vorpommern und Rügen schließen sich unmittelbar dem geologischen Bau und diesem herzynischen Bruchsystem an.

In Hinterpommern haben wir ganz erhebliche Abweichungen der Deklination an nah benachbarten Stellen, so zwischen Köslin und Rügenwalde an der Küste und dann wieder bei Stolpmünde und östlich davon. Bemerkenswert ist die starke Krümmung der Isogone von Stettin, die in Hinterpommern mehrere große Knicke macht, um dann plötzlich nach Treptow und Cammin gegen Nordost hin abzubiegen. Das lässt sich nur erklären aus einem recht komplizierten geologischen Bau, da die uns bekannten Gesteine eine derartige Verschiebung nicht verlangen.

Auch die Schwereverhältnisse sind keineswegs so einfach, wie man gemeint hat. Wir haben im Netzetal ein Minus, das sich dann in Hinterpommern bis in die Gegend von Kolberg in ein Plus von ungefähr 300 m Massenüberschuss umwandelt. Ein Schwerediagramm von Arkona bis nach Neustrelitz zeigt einen Überschuss der Schwere, aber keineswegs einen gleichmäßigen Verlauf der Kurve, sondern Maxima bei Bergen auf Rügen, bei Treptow an der Tollense und bei Neustrelitz. Es würde sich die rügensche Scholle bis zum Strelasund auch in diesem Schwerediagramm ganz gut ausprägen.

Anzeichen jüngster Verschiebungen existieren eigentlich nicht. Man hat den Eindruck, als wenn Hinterpommern etwa in einer langsam aufsteigenden Bewegung befindlich wäre; denn die großen Dünenmassen müssten bei umgekehrter Bewegung längst abgetragen sein.

Vorpommern, besonders Rügen, kann in einer ungemein langsamen sinkenden Phase sich befinden. Das würde auch ganz gut die starke Zerstörung solch isoliert liegender Inseln wie Ruden, Greifswalder Oie verständlich machen. Das Zwischengebiet bei Swinemünde scheint nach allen Beobachtungen sich in Ruhe zu befinden.

Pommern hat durch seine verhältnismäßig niedrige Lage über dem Meeresspiegel nur eine geringe Anzahl von wirklichen Quellen. Die Hauptmasse des Wassers befindet sich im Untergrund in den Diluvial- und Tertiärsanden und erfährt ihren Austritt wahrscheinlich auf dem Boden der Ostsee oder in den tiefeingerissenen Flusstälern. Für die Wasserversorgung der Dörfer und Städte kommt daher in erster Linie das Grundwasser in Frage. Dieses Grundwasser ist Niederschlagswasser, das sich aus dem Regen und dem winterlichen Schnee durch die obere Decke des Bodens in die Tiefe heruntergezogen hat. Der zum Teil sandige Acker- und Waldboden lässt große Mengen von Feuchtigkeit rasch versinken und zwar bis auf die oberste jeweilig vorhandene Bank von Geschiebemergel. Dort haben wir ein erstes Wasserniveau, das in der Regel 6-15 m unter der Oberfläche liegt und die meisten Brunnen speist.

Der Geschiebemergel ist nun keineswegs absolut undurchlässig. Daher dringt das Wasser langsam durch ihn weiter in die Tiefe hinab und häuft sich in den interglazialen Sanden zu einem zweiten Wasserniveau an.

Durch die gebirgsbildenden Bewegungen (durch die Stauchungen des Inlandeises) sind an vielen Stellen diese unteren Sande direkt an die Oberfläche gebracht und vermögen sich von dort aus mit Wasser zu tränken. Streichen nun diese Sande nicht an einer tieferen Stelle wieder aus, sodass sie sich entleeren können, so erhalten wir eine größere Wassermenge in der Tiefe, die unter einem Überdruck steht und daher beim Anbohren als artesisches Wasser aufsteigt.

Wir haben lokal nun noch ein weiteres drittes Wasserniveau, das unter dem dritten (ältesten) Geschiebemergel liegt, aber nur dort vorkommt, wo sich altglaziale Sande entwickeln oder wo der ältere Untergrund, z. B. Tertiär, in sandiger Form ausgebildet ist. In der Kreide lässt sich Wasser nur in sehr geringem Maße gewinnen und pflegt, wenn wir durch die weiße Kreide bis auf die Gaultsande hinuntersteigen, salzig zu sein.

Die tieferen Diluvialwasser haben meistens einen ziemlich hohen Eisengehalt, sowie eine geringe Beimengung von Schwefelwasserstoff. Letzterer verfliegt sehr rasch, der Eisengehalt macht aber manche von diesen Wassern direkt unbrauchbar für Haushaltungszwecke und erfordert bei größeren Anlagen ein besonderes Enteisenungsverfahren. Neben dem Eisen kommt fast immer eine nicht unbeträchtliche Menge von kohlensaurem Kalk hinzu, der aus den Diluvialsanden ebenfalls aufgenommen ist und diese Grundwasser zu harten Wassern macht. Trotzdem müssen an sehr vielen Stellen der Provinz diese nicht gerade empfehlenswerten Wasser erschlossen werden, weil es an anderem Wasser fehlt.

Man braucht in der Beziehung nur an die ganz flache Küste zu erinnern, wo sämtliche Bäche und Quellen fehlen und wo das oberflächliche Grundwasser durch das Eindringen des Meeres salzig oder unter dem Einfluss der benachbarten Torfmoore braun und ungenießbar geworden ist. Der Eisengehalt ist besonders klar und deutlich bei den Wassern zu erkennen, die aus den Sanden des Endmoränenbogens heraustreten. Sie setzen nämlich den Eisenmulm in der Nähe ihres Überlaufs ab, und so erhalten wir dort Raseneisenerzbildungen, die auf Eisensäuerlinge hinweisen.

Bekannt sind die eisenhaltigen Quellen von Polzin, die in einem schattigen

Waldtal entspringen und zu mannigfachen Bade- und Kurzwecken benutzt werden. Solche Eisensäuerlinge kommen auch bei Stettin, in der Gegend von Treptow a. T. und noch an sehr vielen anderen Stellen vor, ohne dass es jedoch lohnte, sie zu irgendwelchen Zwecken zu benutzen.

Pommern wird ähnlich wie die anderen Provinzen des Königreiches geologisch untersucht durch die kgl. preuß. Geologische Landesanstalt. Die Karten 1:25.000 geben in Farbendruck die Beschaffenheit des Bodens an und besondere Bohrkarten die Resultate der agronomischen Untersuchung. Alle Karten sind von je einem Heft Erläuterungen begleitet, in denen Anleitung zum Lesen der Karte und genauere Beschreibung der Gesteine, Böden, Vorkommen und der vorhandenen nutzbaren Mineralien enthalten sind. Bis jetzt sind 80 und 90 Blätter dieser geologischen Karte erschienen.

Swinemünde. See- und Solbad. Seebrücke.

Meer und Küsten

Das Meer, welches die pommerschen Küsten im Norden bespült, ist der sog. südbaltische Abschnitt der Ostsee[1]. Da diese ein verhältnismäßig kleines Binnenmeer bildet, so fehlt es beinahe ganz an Ebbe und Flut; die Wasserstände sind vielmehr ausschließlich von den Winden abhängig. Bei deren vorherrschend westlicher oder nördlicher bis nordöstlicher Richtung entwickeln sich längs der Küsten Uferströmungen von Westen nach Osten oder umgekehrt, verfrachten den Sand der Uferzone und schaffen einen flachen, sandigen, oft ganz ausgeglichenen Strand (Glattküste in Hinterpommern).

Von dieser Vordüne nimmt der Wind den Sand zum Bau der Dünenwälle, die von Arkona einerseits über den Bug, Hiddensee, Zingst und Darß; bis an die mecklenburgische Grenze reichen, andererseits mittels Schaabe, Schmale Heide und Mönchgut die Inselkerne Ostrügens verbinden und in gleicher Weise aus isolierten Stücken die Inseln Usedom und Wollin geschaffen haben. Dünen und Sandberge reichen fast ununterbrochen von der Dievenow bis zur weit in die Danziger Bucht vorspringenden Halbinsel Hela; von Arkona aus erfolgt die Verlagerung des Sandes durch Küstenströmung nach Südwest und Südost, von Peenemünde an vorzugsweise gegen Osten und Nordosten.

Wegen der Absperrung vom offenen Weltmeer und wegen der vielen starken einmündenden Flüsse ist das Seewasser nur schwach salzig, nur 0,87 bis 0,75 % haltig. Der aus der Nordsee durch den Sand und die Belte eindringende salzreiche Unterstrom verliert sich oberflächlich bei Arkona und sinkt in die Tiefe, sodass östlich von Rügen stärkerer Salzgehalt nur in wenigen tieferen Löchern vor der Stolpebank und in der Danziger Bucht anzutreffen ist. Das Oberflächenwasser hat am Darßer Ort 0,87, bei Arkona 0,77, zwischen Jershöft und Bornholm 0,75 % Salz, am Darßer Ort in 15-20 m Tiefe 2,0, bei Arkona in 10-15 m Tiefe 0,82, bei 40-45 m 1,5, zwischen Jershöft und Bornholm in 35-40 m 1,0, in 70 m 1,5, endlich in der Danziger Bucht auch in der Tiefe von 40-45 m nur 0,8 % Salzgehalt, der erst bei 90-95 m auf 1,15 % steigt.

[1] C. Ackermann, Beiträge zur physischen Geographie der Ostsee. 2. Aufl. Hamburg 1891.

Mit der brackischen Beschaffenheit hängt zusammen, das alle salzliebenden Tiere und Pflanzen der Nordsee in der pommerschen See fehlen oder nur verkümmert auftreten, dass in den Gebieten der Flussmündungen und der Strandseen, die durch Niederschläge und Zufluss vom Land fast ausgesüßt sind, die Süßwasserformen vorherrschen. Taschenkrebse, Seesterne, Seeigel, große Schnecken (Buccinum) fehlen schon bei Hiddensee.

Die Herz-, Mies- und Klaffmuscheln (Cardium edule, Mytilus edulis und Mya arenaria) sind zwar bis Leba verbreitet, indessen klein, dünnschalig und verkümmert. Litorina litorea lebt in dürftigen Individuen noch bei Arkona, sonst haben wir nur brackische Hydrobien (H. baltica) oder Neritinen als einzige Schnecken in dem Strandgrus.

Quallen (Aurelia aurita) treten scharenweise im Juli und August auf und werden durch Westwinde bis in die Danziger Bucht vertrieben und dringen, vom eingehenden Strom erfasst, in den Ryck, die Peene und Swine ein. Wichtig sind die Fische, unter denen der Hering mit einer kleineren Rasse, dem Ostseehering, obenan steht. Er erscheint zeitweilig in großen Zügen, hat aber in den letzten Jahrzehnten sehr an Menge abgenommen. Dann haben wir Flunder, Steinbutt und Seebarsch, in den rügenschen Gewässern den Hornhecht mit seinen auffallend grünen Gräten (Belone vulgaris).

Sehr zurückgegangen sind gegen früher Ostseelachs und Störe, die im Mittelalter in vielköpfigen Scharen in die Oder oder andere Flüsse hinaufstiegen, aber immerhin noch gefangen werden und auf den Markt gelangen. Knurrhähne, Seenadeln und Stichlinge ergänzen das Bild der Fischfauna. Die beiden letzten halten sich vorzugsweise in den Tang- und Graswiesen auf. Von den Tangen ist eigentlich nur der Blasentang (Fucus) zu nennen, der ebenso wie das Seegras (Zostera marina) flachere steinige Gründe der Uferzone bedeckt. In den Bodden wurzeln ausgedehnte Rasen von Charazeen, aber alle großen und mannigfaltigen Algen der Nordsee, z. B. Laminarien, fehlen den pommerschen Gewässern ganz.

Auch die großen Meeressäuger sind spärlich vertreten. Am zahlreichsten kommen die Robben oder Seehunde vor und richten unter den Fischen, ja sogar unter den im Netz gefangenen oft schweren Schaden an. Sie streifen gelegentlich Flussaufwärts, sind bei Greifswald und Demmin, ja sogar bis Küstrin beobachtet. Seehunde sind ihres Pelzes wegen eine kostbare Jagdbeute, aber sehr scheu und schwer zu schießen. Man sieht sie gelegentlich auf isolierten Steinen im Wasser oder auf abgelegenen Sandscharen sich sonnen.

Bei Rügen kommt ferner nicht selten das Meerschwein (Phocaena communis C.) vor, und ganz vereinzelt zeigt sich an den pommerschen Küsten einmal ein Walfisch, der meistens in den flachen Wassern strandet.

Hat die Ostsee auch keine Ebbe und Flut, so zeigt sie doch je nach Wind sehr wechselnden Wasserstand. Westwinde stauen im Osten das Meer, Ost- und Nordwinde im Westen und Süden. Dadurch kommen erhebliche Schwankungen zustande, die bisweilen die Wogen weit ins Land eindringen lassen und großen Schaden tun. Wir wissen aus dem Mittelalter von solchen Fluten, von denen eine am Ende des 13. Jahrhunderts angeblich Ruden und Rügen getrennt hat. Andere haben die niedrigen Dünenwälle des Strandes oder der vorgelagerten Inseln durchbrochen. Am bekanntesten ist die große Sturmflut vom November 1872, die dadurch zustande kam, dass auf lange Westwinde Nordsturm einsetzte, in der Nordsee aber Westwind blieb. Die rückflutende, durch den Sturm gesteigerte Wassermasse konnte durch Sund und Belte nicht fort und überstieg in Holstein, Mecklenburg und Westpommern weithin die Uferränder. Eine kleinere Sturmflut trat am 31. Dezember 1904 ein.

In solchen Sturmtagen ist wiederholt bei Prerow das Meer in breiten Kolken, zwischen Darß und Zingst eingebrochen, hat bei Plogshagen die Insel Hiddensee zerrissen, ebenso bei Coserow die schmalen Dünen von Usedom. Letzte ist die gefährdetste Stelle, die 1736, 1741, 1785, 1791, 1792, 1796, 1872 und trotz eines starken Dammes auch 1878 wie 1904 nachgab.

Wunde Stellen liegen am Lobber See und nördlich von Thiessow auf Rügen, bei Misdroy, am Jamund- und Buckowsee, sowie bei Leba, und sind ebenso wie die ersten dadurch bedingt, dass dort in die See aus-

Kolberg. Brandende See.

streichende Torfmoore dem Wasserdruck nicht widerstehen können. Wegen des geringen Salzgehaltes frieren oft weite Flächen oder einzelne Strandpartien des Meeres zu. Wenn dann ein Sturm die Eisschollen gegen das Ufer schleudert, werden selbst in festerem Geschiebemergel tiefe Scharten ausgekolkt, und die Eisschollen häufen sich zu 5-6 m hohen Hügeln auf, die monatelang liegen bleiben. Das Eis hat solche Gewalt, dass ½ cbm große Steine 4-5 m hoch hinaufgedrückt werden. Diese Fluten traten oft plötzlich ein, sodass die Menschen in ihren Häusern überrascht wurden und nicht mehr zu retten waren.

Eine andere Art Flut ist der sog. Seebär, eine lokale, auf Luftdruckschwankung beruhende Erscheinung[1]. Bei ruhigem, schwülem Sommerwetter hört man einen brummenden Ton, der den Namen veranlasste; dann taucht eine mächtige Welle auf, die mehr oder weniger hoch das Uferland überspült, bis nach einigem Wiederkehren sich die See glättet. Es müssen plötzliche Druckentlastungen des Meeresspiegels die Ursache sein; der Verlauf ist derselbe wie bei seismischen Fluten, für welche die „Seebären" früher gehalten sind.

Man bringt sie jetzt mit den Wasserversetzungen der Binnenseen, den „Seiches" zusammen. Solche sind auch am Madüesee beobachtet, aber wesentlich unbedeutender als solch ein „Seebär", der einmal Pferde und Wagen fortgerissen haben soll.

Der wechselnde Stand der See veranlasst in den Flussmündungen den „eingehenden" Strom, auf den beim Abflauen des Windes ein „ausgehender" folgt. Daher sind viele Mündungen trichterförmig erweitert und etwas ausgekolkt. Das eindringende Wasser des Haffs staut die Oder und veranlasst diese, ihre Sinkstoffe abzusetzen, wodurch die Rohrpläne wachsen und sich ausdehnen. Dasselbe gilt von der Peene bei Wolgast und von der Swine. Diese hat sich bei Caseburg und Pritter in das Haff hinein ein förmliches Delta geschaffen (Binnendelta), das die Schifffahrt so erschwerte, dass in der Kaiserfahrt (7 km) eine künstliche Abkürzungsrinne geschaffen werden musste. Solche Verlandungen begleiten die

[1] R. Credner, über den „Seebär" der westlichen Ostsee vom 16./17. Mai 1888. III. Jahresber. d. Geograph. Gesellsch. Greifswald 1889. S. 57.

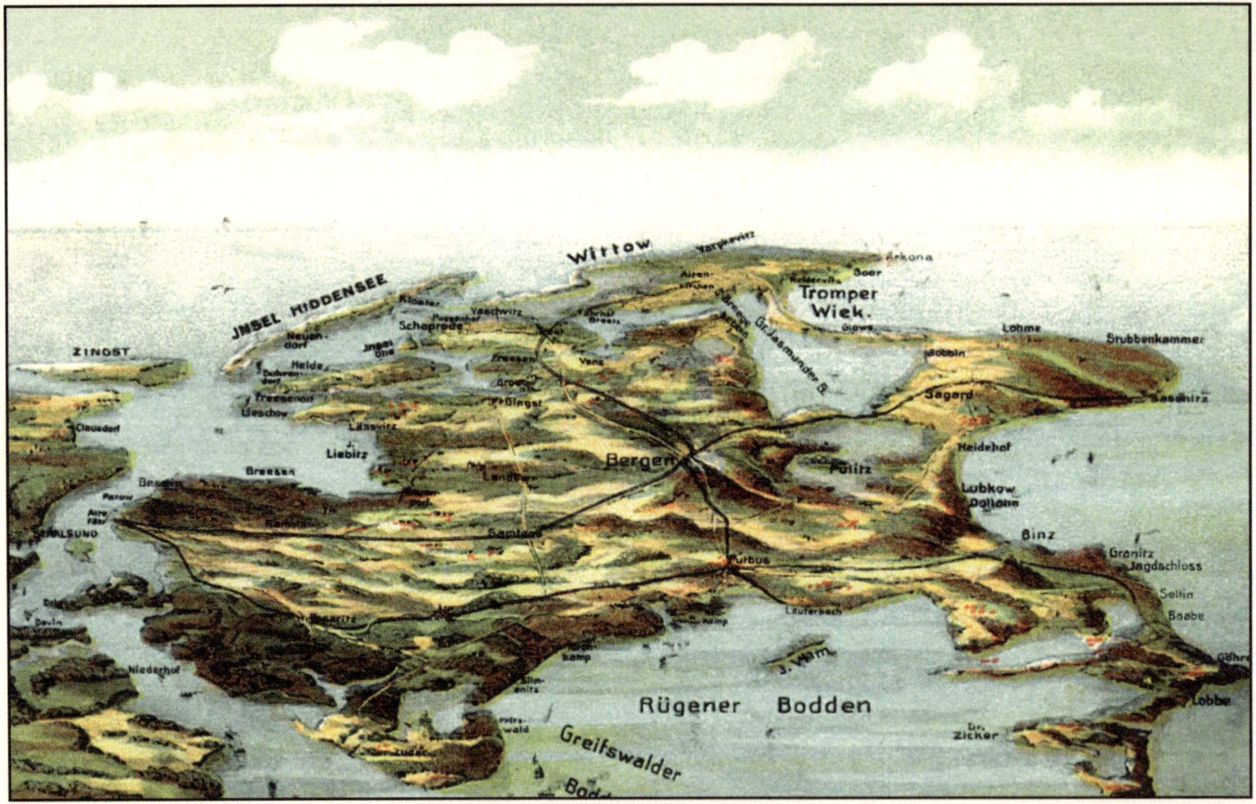

Rügen. Vogelperspektive.

gesamten Ränder aller Bodden und Wieken und werden durch die üppig wuchernden Schilfmassen, die alle Sinkstoffe zwischen ihren Wurzeln festhalten, ungemein befördert; sie fehlen an dem Außenstrand, wo das Meer den Boden beständig stärker umwühlt. Dort reißt es eher langsam los, wirft das mitgeschleppte Sand- und Schlickmaterial um die Vorsprünge herum in ruhigeres Wasser und wirkt dort landbildend.

So verschlammt und versandet immer wieder die Stralsunder Ausfahrt nach Westen; für größere Fahrzeuge ist die Pforte zwischen Hiddensee und Bug schon geschlossen; es verschlicken Having und Hagensche Wiek im südlichen Rügen, die Mündung des Rycks und der Peene, weshalb in beiden ebenso wie im Strelasund stets neue Baggerarbeiten nötig werden.

Vor den hinterpommerschen Häfen haben wir längs der ganzen Küste durch den Wellengang mehrere breite, durch tiefere, dem Ufer parallele Rinnen getrennte Sandschare. Diese wechseln in der Lage, lassen aber die Wellen schon weit draußen branden und schützen somit den eigentlichen Strand. Dagegen erschweren sie ungemein die Einfahrt in die Häfen und müssen von Zeit zu Zeit mit Baggern durchschnitten werden. Manchem beim Baden Unvorsichtigen haben die zwischen diesen submarinen Sandwällen liegenden Rinnen den Tod gebracht.

Die Küste Pommerns trägt recht verschiedenartigen Charakter. Das rührt teils von der Entstehung, teils von den heutigen umbildenden Faktoren her, eine scharfe Scheidung in getrennte Küstenformen ist kaum möglich. Abbruchküste ist zunächst jedes höhere, direkt an die See stoßende Land, da es ja an festem Gestein mangelt und nur weichere Massen, wie Kreide oder Geschiebemergel die Hügel und Höhen bilden.

Sehr stark wird von den Wellen der Dornbusch auf Hiddensee[1)] mitgenommen, dessen Leuchtturm versetzt werden muss, weil er durch den abrutschenden Untergrund bereits Risse erhalten hat. Jedes Jahr rieseln im Februar und März auf Arkona und Jasmund bei Tauwetter die vom

[1)] J. Elbert, Die Landverluste an den Küsten Rügens und Hiddensees. X. Jahresber. d. Geograph. Gesellsch. Greifswald 1906.

Frost losgesprengten Kreidetrümmer nieder und werden von den Wellen zerrieben, sodass die See weit hinaus milchig getrübt wird. Die Vorsprünge von Geschiebemergel in der Granitz, im Nordpehrd bei Göhren und Thiessow haben, wie die Steinrisse beweisen, einst weiter hinausgeragt.

Die mächtigen diluvialen Sande des Streckelsbergs auf Usedom, am Gosanberge und am Swinhöft auf Wollin sind schutzlos dem Regen, Frost und den Wellen preisgegeben.

Bei Hoff in Hinterpommern musste die Kirche verlegt werden, weil das Ufer (Geschiebemergel) so weit zurückging, dass das Gebäude zusammenbrach. Diese Vorsprünge alle geben dem Meeresufer den Charakter einer Kliffküste, weil dazwischen Buchten und Eintiefungen sind, in denen sich bogenförmig das abgeschwemmte und angespülte Material ansetzt. So bildeten sich Darß und Zingst, das südliche Hiddensee, der Bug, die Schaabe, die Schmale Heide und die Sandzungen von Mönchgut.

Dadurch erst ist ein Archipel zu der heutigen Insel Rügen verschmolzen. Ebenso entstand Usedom, indem sich an die Inselkerne bei der Stadt Usedom, an den Glienberg bei Zinnowitz, an die Höhen von Pudagla, an die Kalkberge bei Heringsdorf Dünen und Sandschare anlagerten und unter Einfluss der Strömungen den glatten Außenbogen der Insel schufen.

Wollin ist eigentlich eine einzige große Scholle, also anders als Rügen und Usedom, aber auch diese musste bei der Westströmung einbezogen und ausgeglichen werden, was noch heute nicht zu Ende gelangt ist, und so entwickelte sich der sehr charakteristische und interessante Bogen der Swinepforte. Die hinterpommersche Küste hat durchweg das Ausgeglättete erreicht oder von vornherein annähernd besessen.

Die Strandseen bei Hörst, der Jamund- und Buckowsee usw. sind durch Sandanschwemmungen zwischen kleineren oder größeren Kliffs entstanden und von der See abgesperrt, also zum Teil eine Art Reliktensee.

Die Anhäufung von Sand war in Hinterpommern von Köslin ab so mächtig, dass hohe Dünen zusammengeblasen werden konnten, die durch ihre gleichmäßige Erstreckung ein neues, vom alten sehr verschiedenes Ufer bilden und nun ihrerseits wieder der Zerstörung durch Brandung und Küstenstrom unterliegen.

Die ostpommersche Küste ist eine Glattküste genannt worden, war aber dereinst eine Kliffküste wie Usedom und Rügen. Für mich ist die Küste von Köslin bis Hela eine tektonische Linie zweiten Ranges, die nur schwach durch die Meereswirkung umgestaltet worden ist. Der Knick bei Köslin ist ein im geologischen Bau Europas sehr wichtiger Punkt.

Dasselbe gilt von Swinemünde als der tiefsten Stelle der pommerschen Bucht, ferner von der Spitze des Darß. Auch die einzelnen Formen von Rügen, wie Jasmund, Arkona, sind tektonisch bedingt. Deshalb darf man bei ihrer heutigen Form nicht all zu viel auf Abbruch schieben.

Woher kommt aber all der Sand des pommerschen Strandes? Man hat ihn früher allgemein als Zerstörungsprodukt der heutigen Küsten und der diesen unmittelbar vorgelagerten Steinriffe aufgefasst. An dem Streckelsberg auf Usedom, am Swinhöft in Wollin und bei Hoff ist ja in der Tat zu beobachten, wie jeder Sturm den Fuß des Ufers angreift, der höhere, dadurch haltlose Diluvialsand herabgleitet bis in die Brandungszone, dort von den Wellen erfasst und seitlich vertragen wird.

Aber für die riesigen Sandmassen der langen Scharen und Dünen reicht das so gewonnene Baumaterial nicht aus: Dort müssen bedeutendere Umwälzungen im Spiel gewesen sein.

Ich bin der Ansicht, dass die vorgelagerten großen Bänke, die Plantagenet-, Prerow-, Oder- und Stolpebank bei der Litorinasenkung unter den Spiegel der See gezogen wurden und teils selbst, teils ihr Gebiet bis zur heutigen Küste durch Auswaschung, Abtragung und Einebnung die jetzt als Darß, Zingst, Schaabe, Schmale Heide und Dünenzüge von Usedom, Wollin und Hinterpommern zusammengehäuften Sande hergaben.

Diese Untiefen waren in der Ancyluszeit Inselkerne, die sich aus Geschiebemergel und mächtigen Diluvialsanden aufbauten. Sobald durch positive

Bewegung die Sandschichten unterwaschen und abgetragen wurden, entwickelten sich an diesen Inseln Sandbogen und Dünenketten, die zum Teil mit dem neuen Festland in Verbindung traten, wie z. B. von der Oderbank bis zur Camminer Gegend, dann aber bei weiterem Sinken ebenfalls zerstört wurden. Der verfügbar gewordene Sand wanderte so weit, als es die neue Küste und deren Vorsprünge erlaubten, und schuf so die hinterpommersche Glattküste, die Swinepforte, die heutige Insel Rügen, den Bock, Zingst und Darß, indem teils eine Kliffküste, teils ein Archipel als Ansatz diente.

Diesem Vorgang verdanken das Haff, die pommerschen Strandseen und die Barther Bodden ihren Ursprung. Hinter der Oderbank laufen noch jetzt eigenartige tiefere Rinnen von der Greifswalder Oie nach Jasmund, die alte Flussrinne der Oder analog der jetzigen Unterpeene bezeichnend.

Auf der Oderbank sind in 30 m Tiefe Torfe erbohrt, ebenso im Strelasund 4-5 m unter dem Meeresboden der Prohner Wiek. Die Senkung zerstörte erst ziemlich spät die Osteinfassung des Greifswalder Boddens, die das Litorinameer vom Haff südlich der Oderbank trennte.

In der Ryckmündung sind Nordseekardien und Litorinen gefunden, auf der südlichen Oderbank bei Bohrungen nur die Ostseekardien des brackischen Wassers. Noch heute zieht der steilere Abfall zu größerer Tiefe von der Dievenow um den Nordrand der Oderbank nach Jasmund im Allgemeinen mit herzynischem Streichen und dadurch sich als tektonisch kundtuend.

Die Oderbank vor der Odermündung misst 200 qkm in der 10 m Tiefenlinie, die Stolpebank vor der Stolpe ca. 500 qkm in der 20 m Kurve, der Plantagenetgrund, genannt nach einem englischen Vermessungsschiff (25 km westlich von Wittow und 19 km Westnordwest vom Dornbusch) besteht aus mehreren Untiefen (bis -7,5 m) auf einem 13-14 km langen und 3-4 km breiten Streifen, die Prerowbank ist die kleinste und liegt vor dem Darß. Sie sind also ausgedehnt genug, um bei 20 m abgewaschenem Diluvialsand (auf Usedom und Wollin sind es 30-40 m) enorme bewegliche Massen zu liefern; die Oderbank allein würde 4 Milliarden Kubikmeter geben.

Die heute nachweisbaren Veränderungen der Seeküste sind folgende: Es wächst der Darß an seiner Nordspitze, dagegen wird bei Zingst abgespült und die zum Teil künstliche Landenge verschmälert. Es vergrößern sich die Sandbänke Gellen und Bock, die das Stralsunder Fahrwasser einfassen. Durch eingehenden Strom in den Sund geschleppt, lagert sich Schlamm hinter dem Dänholm und bei der Stralsunder Fähre ab.

Stark zerstört werden Dornbusch und Schar auf Hiddensee, zunehmen der Bessin und die Innenseite des Bug. Nur langsam verkleinerten sich Arkona und Jasmund, bis Steinzangen den Schutzwall zerstört und deshalb seit zehn Jahren die Kreideufer stark angegriffen werden. Dem Untergang geweiht sind Greifswalder Oie und Ruden, die man in den letzten zwei Jahrzehnten mit Steinmauern und Buhnen zu schützen versuchte, aber ohne wirklichen Erfolg.

Usedom und Wollin befinden sich in einer Art Gleichgewicht. Am hohen Sandufer wird durch Niedergleiten der durchfeuchteten Massen das Ufer abgetragen, an anderen Stellen Sand angespült; auch wächst das Land im Haff durch Alluvionen. Die Peenemünder Pforte versandet, ebenso die Dievenow, und an der Swine ist durch die langen Molen, an denen sich Sand ansetzt, das Land seewärts vorgeschoben. Bei Coserow, am Streckelsberg und zwischen Misdroy und Neuendorf brechen die Wälder der Hügel langsam nieder.

Ziemlich konstant scheint die hinterpommersche Küste zu sein. Was durch Abspülung in dem einen Jahr weggenommen wird, häuft das nächste wieder an. Die gelegentlich nach Sturm bloßgelegten alten Moore und Waldreste sind wohl altalluvial. Im Allgemeinen schützt der sehr flache untermeerische Vorstrand das Ufer, nur Steilabbrüche (Horst-Revahl) leiden, außerdem die Zone von Leba, weil der Sand in die Danziger Bucht wandert und von dort nicht zurückkehren kann bei entgegengesetztem Wind.

Versandungen zeigte im 17. Jahrhundert auch die Küste zwischen Treptow und der Regamündung.

Kolberg. Strandschloss mit Seesteg.

Klima

Das Klima Pommerns ist von zwei Faktoren maßgebend beeinflusst, nämlich von der Nähe des Meeres und von der ausgedehnten osteuropäischen Landmasse, während Höhenverhältnisse und geographische Breite erst in zweiter Linie Einfluss ausüben. Man sieht dies schon klar in der Temperaturverteilung[1)].

Im Januar herrscht in Neuvorpommern im Durchschnitt 1-2° Kälte, Vorpommern und die Stettiner Gegend haben 2-3° und teilen dies mit der gesamten Küstenzone von ungefähr 30 km Breite.

Auf dem pommerschen Landrücken haben wir 3-4° und auf den höchsten Teilen Pommerellens in der Region des Turmberges ein isoliertes Gebiet mit 4-5° Kälte.

Im Juli breitet sich die durch die See bedingte niedrige Temperatur wieder längs der Meeresküste aus, das innere Land ist wärmer. Neuvorpommern, Usedom, Wollin und ein Segment Swinemünde-Köslin-Leba haben 16-17°, der pommersche Landrücken und Vorpommern 17-18° und nur die Gegend zwischen Uckermark und Oder 18 bis 19°.

Die im Frühjahr abkühlende, im Herbst erwärmende Wirkung der See zeigt sich deutlich in den Durchschnittstemperaturen von April und Oktober. Im April wurden auf Rügen, den Oderinseln und nördlich einer Linie Swinemünde Graudenz nur 5-6° gemessen, im höheren Turmberggebiet 4-5°, südlich davon in Vorpommern und Hinterpommern 6-7°, in der Uckermark, der Stettiner Gegend und der Neumark sogar 7-8°. Umgekehrt ist im Oktober in ganz Pommern die Durchschnittstemperatur 7-8°, ausgenommen der Landrücken, der 1° weniger zeigt, indem die vom Meer ausgehende Erwärmung an den Küsten die Unterschiede aufhebt.

[1)] E. Sommer, Die nicht auf den Meeresspiegel reduzierten Jahres-, Januar-, April-, Juli- und Oktober-Isothermen Deutschlands. Mannheim 1906.

Also haben wir längs des Meeres verhältnismäßig warme Winter und kühle Sommer, auf dem Landrücken wärmere Sommer und kältere Winter, in der Stettiner Gegend warme Sommer und milde Winter.

Demgemäß weicht am Meer der Winter nur sehr langsam, und es herrscht ein nasses, kühles Frühjahr, das sogar noch im Mai oft den Ofen nötig macht. Dafür haben diese Gegenden einen langen, schönen Herbst, dessen herrliche Oktobertage für den trüben Frühling entschädigen müssen.

Der Schnee bleibt in Neuvorpommern meistens erst von Mitte Dezember an liegen, und andauernder Frost stellt sich erst im Januar ein. Eine Ausnahme machen der Landrücken, dessen rauheres Winterklima mit der Höhe (200-330 m) zusammenhängt, und die Stettiner Gegend, wo die südlichere Lage den heißeren Sommer mitbedingen mag.

Die Verteilung der Niederschläge[1] schließt sich dieser Wärmelage an, und weil die Hauptmenge der Feuchtigkeit im Winter als Schnee und im nassen Frühjahr als Regen niederfällt, so entsprechen die Regenkarten im Allgemeinen den Temperaturkurven.

Wir beobachten die geringsten Niederschläge (450-500 mm) in der Uckermark zwischen Prenzlau und Schwedt bis Pyritz. Der Rest Vorpommerns, das Ihnagebiet und die Gegend zwischen Anklam-Neubrandenburg-Demmin besitzen 500-550 mm; feuchter sind Neuvorpommern und Hinterpommern längs der Küste (Greifswald, Swinemünde, Kolberg) und das untere Persantetal mit 550-600 mm. Das Zentrum von Rügen, die Gebiete zwischen Greifswald, Tribsees, Stralsund, die Kreise Greifenberg, Schivelbein, Kallies, Neustettin und die Küste von Kolberg bis Leba zeigen 600-650, das östliche Pommern 650-700 und ein Gebiet zwischen Köslin und Bublitz gar 700-750 mm Niederschläge. Die Gebiete über 600 mm sind südlich etwa durch die Linie Stralsund-Swinemünde-Kallies begrenzt (vgl. Apriltemperatur), während die regenarmen der warmen Uckermark angehören.

[1] G. Hellmann, Regenkarte der Provinzen Brandenburg und Pommern. Berlin 1901.

Regen und Schnee sind abhängig von den Winden. Der ganze westliche Teil der Provinz und die Küsten stehen unter vorherrschendem Einfluss der westlichen Luftströmungen. Im Winter und Frühjahr sind zwar Ost- und Nordostwinde nicht selten, wie aus der nachstehenden Tabelle hervorgeht, aber die westlichen geben ebenfalls erhebliche Zahlen. Dagegen herrschen direkt Westwinde im Herbst. An der pommerschen Küste sind beobachtet nach einer Zusammenstellung von Ackermann:

	N	NO.	O.	SO.	S.	SW.	W.	NW.
Winter	5	6	16	11	16	17	18	8
Frühling	12	15	14	7	8	12	19	12
Sommer	9	12	9	4	9	13	25	18
Herbst	6	8	15	11	15	17	19	9
	32	41	54	33	48	59	81	47

Die Sturmperiode liegt von Oktober bis Januar mit 80 % aller Stürme, und die Sturmzahl für die mittlere Ostsee ist dreimal größer als an der Nordsee, zweimal als in der übrigen Ostsee. Viele Stürme dauern 1-2 Tage und zwar in der Regel die aus dem Westquadranten. Ihre mittlere Stärke ist etwas über 6[1)].

Im Winter haben wir also sehr viel Wind vom Land her infolge des höheren Luftdrucks in den kälteren Gebieten des Ostens und Südens. Im Frühling liegt das kühle Land und Wasser im Norden; die von dort herkommenden Winde streiten in Frühlingsstürmen mit den wärmeren Luftströmungen aus Westen und Südwesten.

Im Sommer tritt die Herrschaft der Westwinde am klarsten heraus, und im Herbst haben wir wieder schon die winterlichen Verhältniszahlen. Im Winter treten oft sehr heftige Schneestürme auf; die Nord- und Nordost-

[1)] Großmann, Die stürmischen Winde an der deutschen Küste vom 1. bis 12. Januar 1908. Annal. d. Hydrographie, Bd. 36. 1908. - Bödige. Die Stürme an der deutschen Küste von 1878-1887. Ebenda, Bd. 19. 1891.

winde bringen klare Tage und klirrenden Frost. Nebel und Regen beherrschen das Frühjahr. Der Sommer ist durch Gewitter und die damit verbundenen böigen Winde gekennzeichnet und im Allgemeinen in seinem zweiten Teil ebenso wie der Herbstanfang die Jahreszeit der gleichmäßigeren Wetterlage; doch kann es im Juli mitunter an windigen Regentagen recht ungemütlich kühl werden, worunter die Sommerfrischler in den nur spärlich mit Heizanlagen ausgestatteten Hotels der Seebäder dann empfindlich leiden.

Die vielen im Winter gefrorenen Wasserflächen gestatten den Schlittschuhlauf und die Benutzung des Piekschlittens, auf dem man rasch weite Strecken zurücklegen kann. Auch die Bodden gefrieren bisweilen, sodass auf dem Haff durch Eisbrecher eine Fahrrinne möglichst lange offen gehalten werden muss. Die freie See ist kaum mit Eis bedeckt, dagegen kennt man einige Fälle, dass der Greifswalder Bodden völlig gefroren war.

Aber dann ist das Eis so uneben und rauh, dass ein Verkehr nach Rügen doch nicht möglich wird. Auch sind die Waken und durch aufsteigende Quellen nur dünn zugefrorenen Stellen sehr gefährlich. Der Strelasund friert öfters zu, sodass man zu Wagen oder Schlitten nach Altefähre hinüber kommen kann. In der Zeit des Eisaufbruchs war vor der Trajektschifffahrt die Verbindung mit Rügen gelegentlich mehrere Tage völlig aufgehoben.

Pflanzenwelt

Vom Boden und vom Klima sind die Pflanzen[1] abhängig. Unberührte Pflanzengebiete existieren in Pommern nicht mehr; überall hat der Mensch den ursprünglichen Charakter verändert, sei es durch Feld- und Wiesenkultur, sei es durch Entwässerung, sei es durch Forstwirtschaft. Dies prägt sich vor allem darin aus, dass Bäume wie Eibe und Linde beinahe ausgerottet oder sehr zurückgegangen sind. Beide müssen in der Wendenzeit weit verbreitet gewesen sein, da viele Ortsnamen auf Zis =Eibe und Lipa = Linde zurückgehen, z. B. Züssow, Thiessow, Liepgarten = Liepagora d. h. Lindenberg, Liepe, Liepenhof, Liepenburg usw.

Bei Thiessow sind in der Tat Eibenstämme von Sturmfluten aus versunkenen Mooren ausgespült und angetrieben worden. Die Eibe war der Zauberbaum, dient heute auch noch bei manchem Aberglauben und ist teils deswegen, teils wegen ihrer Giftigkeit für das Vieh beseitigt[2].

Die Linde ist heute kein Waldbaum mehr, sondern nur auf die Nähe von Siedlungen beschränkt. Auch die Eiche ist weiter verbreitet gewesen; sie hieß Dam im Wendischen, daher Damnagora, heute Damgarten = Eichenhügel, Damnitz usw.

Eichenstämme liegen an der Basis vieler Moore und sollen ganze Pflaster in der Having bilden. Ganz altes, tiefschwarzes Eichenholz wird bei Weststürmen im südlichen Hiddensee angetrieben. Doch ist die Eiche noch jetzt in großen Beständen vorhanden, besonders im Endmoränengelände.

Wichtig ist als Waldbaum die Buche, die Buckow, Buggow den Namen gab. Sie gedeiht auf kalkigem Boden und verdrängt durch ihren dichten

[1] Th. Marsson, Flora von Neuvorpommern und den Inseln Rügen und Usedom. Leipzig 1869. - J. Winkelmann, Forstbotanisches Merkbuch von Pommern. Berlin. - Wilh. Müller, Flora von Pommern. 2. Aufl. Stettin 1904.

[2] J. Winkelmann, Die Verbreitung der Eibe in Pommern. Mitteil. Naturw. Ver. Bd. 37. Greifswald 1906.

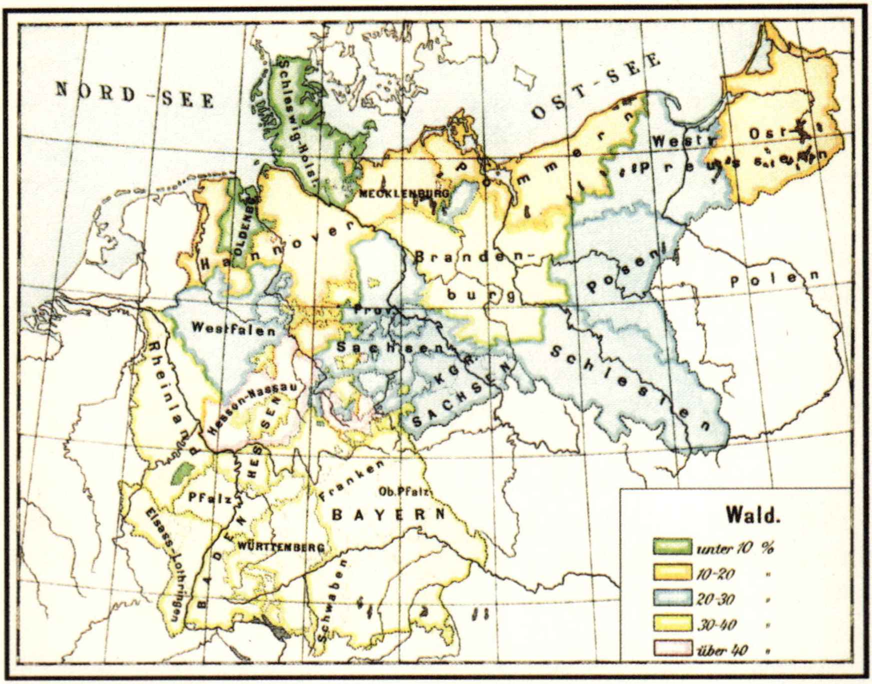
NORD-SEE
OST-SEE
Schleswig-Holst.
MECKLENBURG
Pommern
Westr. Preussen
Ostr. Preussen
OLDENBG.
Hannover
Brandenburg
Posen
Polen
Westfalen
Prov. Sachsen
KGR. SACHSEN
Schlesien
Rheinland
Hessen-Nassau
HESSEN
Pfalz
Franken
Ob.Pfalz
BAYERN
Elsass-Lothringen
BADEN
WÜRTTEMBERG
Schwaben
Wald.
unter 10 %
10-20 "
20-30 "
30-40 "
über 40 "

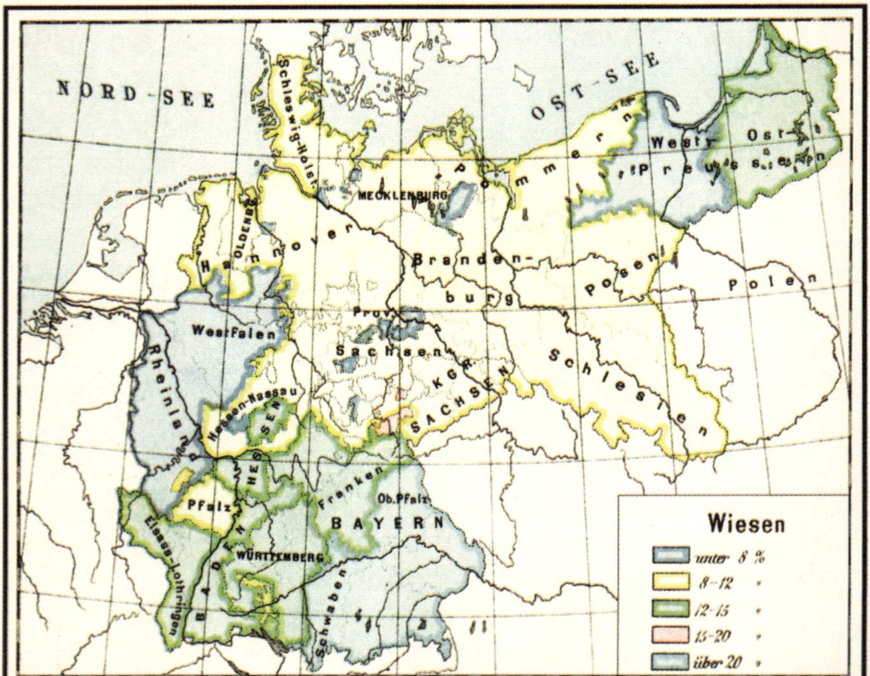
NORD-SEE
OST-SEE
Schleswig-Holst.
MECKLENBURG
Pommern
Westr. Preussen
Ostr. Preussen
OLDENBG.
Hannover
Brandenburg
Posen
Polen
Westfalen
Prov. Sachsen
KGR. SACHSEN
Schlesien
Rheinland
Hessen-Nassau
HESSEN
Pfalz
Franken
Ob.Pfalz
BAYERN
Elsass-Lothringen
BADEN
WÜRTTEMBERG
Schwaben
Wiesen
unter 8 %
8-12 "
12-15 "
15-20 "
über 20 "

Schatten fast alle anderen Pflanzen. Dadurch entstehen die schönen schattigen Hochwälder Rügens (Stubnitz, Granitz), der Stettiner Buchheide, des Gollenberges und anderer Gegenden. Die von der Buche oft verdrängte Birke (russisch Berosa, vgl. Berschwitz) gedeiht in den etwas sumpfigen Niederungen in lichten Wäldern mit Erlen, Eschen und Pappeln, während die weiten Sandflächen von ausgedehnten Kiefernforsten bedeckt sind. Die Kiefer ist auch der Hauptbaum der älteren Stranddünen und dient zu deren Befestigung.

Die Tanne tritt in der Landschaft mehr zurück. Meistens ist sie künstlich angesamt auf einem Boden mittlerer Güte, und zwar hat man mit nordamerikanischen Arten allerlei Kulturversuche ausgeführt.

Die Sträucher und Kräuter gehören in Vorpommern und am Küstensaum Hinterpommerns noch zur nordwest-deutsch-atlantischen Pflanzengruppe, während in der Stettiner Gegend mit der höheren Wärme und den geringeren Niederschlägen sich manche Formen des pontischen Kreises einstellen.

Von größter Bedeutung ist der Boden. Ich sehe hier zunächst von den Kulturpflanzen ab, die bei der Landwirtschaft besprochen werden sollen, und gebe aus den verschiedenen Bodengruppen einige Details.

Am Meeresstrand haben wir in den Sandgebieten das Strandgras und den Strandhafer (Psamma arenaria und Elymus arenarius), die kriechende Weide (Salix repens), die Stranddistel (Eryngium maritimum) und die Strandaster (Aster tripolium), gruppenweise die Strandbinse (Juncus maritimus).

Auf Schlick am Rand der etwas salzigen Bodden gedeihen Triglochin mairitimum, die Sellerie (Apium graveolens), ferner Salsola Kali, Glaux maritima. Mehrere dieser letzten Halophyten, also salzliebenden Arten, kommen auch isoliert im Land vor bei Salinen oder Salzflecken, wo Solquellen aufsteigen. Daher sind sie im Rosental bei Greifswald, bei Kolberg und Mesekenhagen zu finden.

Im Allgemeinen ist die pommersche Küste artenärmer als die der Nordsee.

Auf der sandigen Vordüne herrschen die ammophilen oder sandliebenden Gräser, und sobald sich der Boden etwas befestigt, stellt sich überall das gemeine Heidekraut (Calluna vulgaris) ein. Dieses nebst den Gräsern, Melden (Atriplex) und Drunt (Linaria) Arten bedeckt auch die binnenländischen Heide- und Sandflächen. Dazu gesellen sich Besenstrauch (Sarothamnus), der Wacholder und der Adlerfarn und erzeugen durch ihre halbverwesten Wurzel- und kriechenden Stengelreste den sogenannten Ortstein, den bekannten, braunen, oft sehr festen Heidesand. Am Seestrand bildet an den sandigen Gehängen oder auf verlandeten Buchten der Sanddorn (Hippophaë rhamnoides) undurchdringliche Dickichte und hat z. B. dem Dornbusch auf Hiddensee den Namen gegeben. Er dient sehr zur Befestigung rutschender Sandufer. In lichten Wäldern sehen wir weite Flächen mit der Preiselbeere bedeckt, die man in großen Mengen im Herbst sammelt. Wird der Boden kalkhaltiger, so gedeihen im Schatten der Bäume die kleinen Sträucher der Heidelbeere, oft alles andere verdrängend, in üppigster Weise.

In diesen Wäldern entwickeln sich im Frühjahr auch die weiten Rasen von Ficaria ranunculoides und der gemeinen Anemone, des Leberblümchens, von Sauerklee und von sogenanntem Immergrün.

Auf Kalkböden wachsen recht viel verschiedene Orchideen, und es kommt auf Jasmund sogar noch der Frauenschuh (Cypripedium calceola) vor. In den Mooren entsteht Torf aus den Sphagnumarten, die mit Charen, Utrikularien, Potamogeton, Wasserlinsen in den stehenden Gewässern massenhaft gedeihen. Am Rand der Flüsse, Seen und Tümpel haben wir Binsen und Schilfröhrichte von bisweilen erheblicher Breite, die im Winter über dem Eis abgemäht werden und zum Decken der Häuser dienen. Vermoorte Wiesen sind mit Carexarten und Wollgras, Sonnentau, Moosbeere, Sumpfporst bestanden; doch fehlt die Sumpfheide (Erica tetralix), die sonst dieser Pflanzengesellschaft angehört.

In den quelligen schattigen Bachrinnen Jasmunds und der Endmoränenzonen Hinterpommerns wuchern üppig die großen Schachtelhalme, die riesigen Blätter der Huflattichgewächse und sind viele seltene Moose zu finden. Einige Pflanzen erreichen in Mönchgut ihre östliche Grenze, z. B. Ilex aequisolium, die Stechpalme, und Lepturus incurvatus. Ausgestorben ist die Wassernuss (Trapa natans), deren Nüsse subfossil an der Basis mancher Moore vorkommen. Dagegen haben sich von der Eiszeit her einige Pflanzen als Glazialrelikte erhalten. Es sind das Formen der borealen oder boreal-alpinen Gruppe: Ledum palustre, Empetrum nigrum, Saxifraga hirculus, Primula farinosa, Stellaria crassifolia, Scheuchzeria palustris, scirpus caespitosus, Eriophorum alpinum, Carex microstachya und C. chordorrhiza. Im Diluvialton sind noch nachgewiesen, aber jetzt ausgestorben Beitula nana und Salix polaris.

Eingewandert aus dem Gebirge[1)] sind, den Stromtälern folgend und oft nur an einzelnen Stellen vorkommend, Eryngium planum (Swinemünde), Chaerophyllum bulbosum (Greifswald), Djpsacus silvester (Rügen), Chaeturus Marrubastrum (nicht in Neuvorpommern, auf Usedom und Wollin), Euphorbia lucida (nicht östlich der Oder), Allium acutangulum (Demmin, Swinemünde), Petasides tomentosus (geht längs der ganzen Küste nach Osten). Es fehlen aber viele hierher gehörige, sonst im Weichsel- und Odergebiet verbreitete Arten, z. B. Scilla bifolia, Allium Schoenoprasum, Lathyris Nissolia, Biscutella laevigata, Arabis Halleri, Clematis recta usw.

Von Südosten her ist in das warme Odergebiet eine neue, die pontische Steppenflora, mit mehreren Arten eingezogen, sicher die jüngste, die mit dem wärmer und trockener werdenden Klima zusammenhängt. Die Hauptfundorte liegen bei Pyritz, Garz, Stettin, Gollnow und Wollin. Sie schließen sich also der Verteilung des Klimas direkt an. Solche Arten sind z. B. Silene chlorantha, Oxytropis pilosa, Aster Linosyris, Aster Amellus, Inula hirta, Hieracium echioides, Scorzonera purpurea, Campanula sibirica, Euphrasia lutea, Thesium intermedium, Carex obtusata, Stipa pennata, St. capillata. Erwähnt seien aus dieser Gruppe noch die silbergrauen Eläagnusgebüsche bei Finkenwalde, und dass Anemone silvestris auf Rügen fehlt, also den Strelasund nicht überschreitet. Man sieht, wie die von der weichenden borealen Flora verlassenen Gebiete durch Einwanderer von Süden und Südosten eingenommen werden.

[1)] E. Loew, Über Perioden und Wege ehemaliger Pflanzenwanderungen im norddeutschen Flachlande. Linnaea, N. F. VIII. 1878-1879.

Deep. Ostseebad bei Treptow.

Tierwelt

Die Fauna Pommerns schließt sich ebenfalls der allgemein in Norddeutschland verbreiteten an, hat aber noch mehr als die Pflanzenwelt die Einwirkung des Menschen verspürt. Nach der Eiszeit hielten sich im Land das Mammut (Elephas primigenius Blum.), das Ren (Cervus tarandus L.) und andere arktische Arten auf. Sie wurden teils durch den Menschen vernichtet, teils durch das wärmer werdende Klima in den Norden zurückgedrängt.

In den tieferen Teilen der Torfmoore, also der Ancylus- und Litorinazeit entsprechend, finden sich Reste vom Riesenhirsch (Cervus megaceros Blum.), vom Urstier (Bos prjmigenius Blum.), vom Wisent (Bos bison L) und vom Elch (Cervus alces L.). Mit Ausnahme der ersten lebten diese Tiere bis in das Mittelalter fort. Elch- und Urochsenknochen sind aus den Abfallgräben des slawischen Julin und des herzoglichen Stettins in Menge hervorgeholt. Den Urstier und den Elch haben die pommerschen Herzöge gejagt, besonders in polnischen Grenzwäldern.

Sehr zahlreich müssen Edelhirsch und Reh vorgekommen sein, da z. B. bei Wieck unweit Greifswald die Bagger im Ryck deren Knochen wagenladungsweise förderten, ebenso die Ausgrabungen bei Wollin. In den Sümpfen hausten Biber (slaw. Daber, vgl. Daberkow) und zahllose Wasservögel.

An Raubtieren waren im Mittelalter Bär und Wolf verbreitet. Beide sind ebenfalls ausgerottet, der letzte Bär wurde 1750 bei Stepenitz im Wasser schwimmend erschlagen. Wölfe sind wiederholt vorgekommen, meistens in und nach Kriegszeiten (30jähriger, Nordischer und Französischer Krieg 1813) wieder von Russland hereingewandert. Viele Namen, wie Wolfsgrube, Wolfsloch usw., erinnern an diese unliebsamen Gäste.

Heute sind von den größeren Formen nur die Haustiere und die kleineren Raubtiere und Insektenfresser, wie Fuchs, Marder, Iltis, Dachs, Igel, Wiesel usw. vorhanden, ferner die Jagdtiere Hirsch, Reh, Wildschwein, Hase und Kaninchen. Das Schwein ist in Pommern sehr alt. Die kleine

Rasse des Torfschweins findet sich in vielen Mooren und in den Müllgruben der Burgwälle (Herthaburg) und slawischer Niederlassungen. Neu eingeführt ist das Damwild.

Ungemein reichhaltig ist wegen der vielen Wasserflächen und der Meeresküste die Vogelwelt. Der See- oder Fischadler wird bisweilen beobachtet, in großen Schwärmen erscheinen die Wildschwäne, die z. B. bei Peenemünde zu Tausenden gründeln, ebenso die Grau- und Ringelgänse, die Wildenten, die im Röhricht aller Seen nisten und z. B. im Stettiner Haff im Jahre 10.000 an der Zahl erbeutet werden. An manchen Stellen der Küste existieren Kranich- und Reiherhorste, sehr zum Schaden der Fischerei, sodass Schussprämien ausgesetzt werden.

In großen Scharen treten am Strand die Möwen und Strandläufer, im Inneren die Krähe auf, vor allem die gefräßige graue Krähe, verdrängen sich aber auch gegenseitig. Wälder und Felder sind voll von Singvögeln, von denen die Goldammer, die Meisen und die Haubenlerchen im Winter in die kleineren Städte zu ziehen pflegen. Die echte Nachtigall fehlt, dafür nistet der Sprosser in den Gebüschen. Völker von Feld-, Wald- und Haselhühnern werden geschont und liefern oft große Jagdbeute; auch trifft man bisweilen Dohnenstiege für die Krammetsvögel.

Eingeführt und durch Pflege eingebürgert sind die Fasanen; als Strichvogel erscheint das Steppenhuhn. Vereinzelt lebt in den weiten Feldern die Trappe. Eine Hauptjagd ist die auf Schnepfen, wenn sie auf ihrem Zug nach Skandinavien zahlreich in Rügen vorbeikommen.

An Reptilien und Amphibien hat Pommern wenig Arten. Die gemeine Eidechse, die Ringelnatter und die Kreuzotter sind die gemeinsten Formen; die letzte lebt zahlreich in den halbtrockenen Mooren und Heiden und wird lokal zur Landplage (Gollnow, Bublitz), sodass eine Prämie für eingelieferte tote Tiere gezahlt wird. Vereinzelt zeigt sich in Landseen und moorigen Flusstälern die Sumpfschildkröte (Emys europaea).

Von Fischen hat sich in dem Madüsee die Moräne gehalten; nach der Sage haben Mönche den Fisch in den See verpflanzt. Da er aber mit anderen glazialen Reliktenformen Vergesellschaftet ist, so wird er dort ebenso wie im Schaalsee seit der Ancyluszeit heimisch sein. Lachs, Stör und Zander werden in der Oder gefischt.

Die meisten Seen eignen sich gut zur Fischzucht für Hechte, Karpfen, Barsche und Schleie. Aale und Barsche leben auch in den brackischen Küstenseen und Bodden zusammen mit Flundern, Heringen und Hornhechten. In den vielen Binnenseen gedeiht ferner gut der Flusskrebs, der freilich vor einem Jahrzehnt durch die Krebspest stark vernichtet wurde. Fische, Wasservögel u.s.w. ernähren sich von den niederen Krebsen (Ostrakoden, Kopepoden, Phyllopoden), die zeitweise so massenhaft die Gewässer erfüllen, dass diese ganz trüb erscheinen.

Armselig dagegen ist die Meeresfauna infolge des geringen Salzgehaltes. Erwähnenswert sind endlich einige Bryozoen und Spongillaarten aus schwach salzigen Gewässern des Strandes und die Reliktenformen unter den niederen Krebsen der Madüe (Mysis relicta, Pallasiella quadrispinosa, Pontoporeia affinis). Zu diesen Tieren kälteren Wassers gehören auch die Plattwürmer (Planaria alpina und Polycelis cometa), die sich in den kühlen Quellbächen Jasmunds erhalten haben[1)].

[1)] A. Thienemann, Planaria alpina auf Rügen und die Eiszeit. X. Jahrber. d. Geograph. Gesellsch. Greifswald 1906. - A. Samter. Der Madüesee. Arch. f. Naturgesch. 71. Bd. 1, Heft 3. 1907.

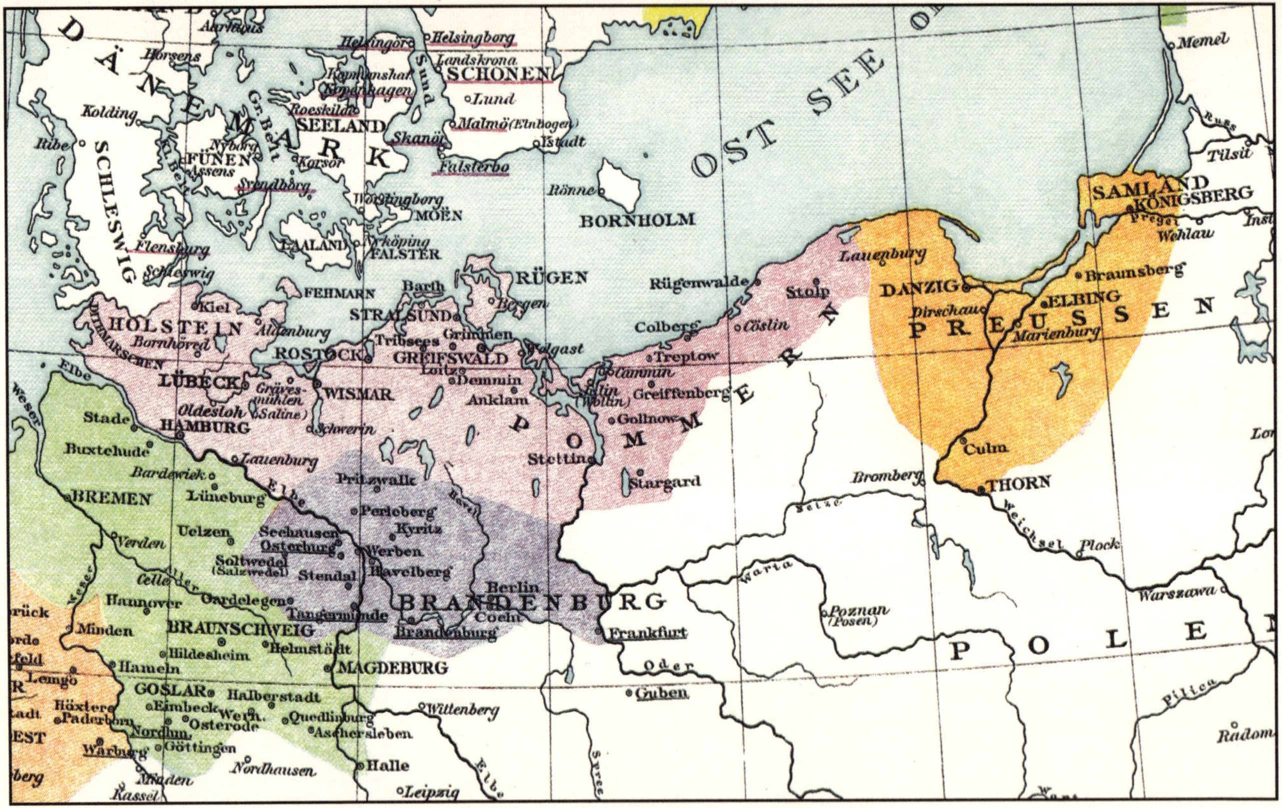

Ausbreitung der Hansa um das Jahr 1400.

Prähistorie und Geschichte

Der Mensch hat von dem pommerschen Boden wahrscheinlich ziemlich bald nach der Eiszeit Besitz ergriffen, und zwar werden sowohl von Südosten als auch von Westen zunächst einige Horden von Jägern, ihren Beutetieren folgend, eingewandert sein. Die ältesten Reste menschlicher Tätigkeit wurden bei Endingen, Kreis Franzburg, in einem trocken gelegten Moor unter 1½ m Diluvialsand entdeckt und gehören vielleicht der Ancyluszeit an.

Es sind aufgespaltene Elchknochen und bearbeitete Geweihstücke vom Riesenhirsch ohne irgendwelche Steinwerkzeuge. In jener Periode war der dänische Archipel noch geschlossenes Land, ebenso Rügen, das mit Bornholm über den Adlergrund verbunden war, und wir haben anzunehmen, dass über diese Brücken die Besiedelung Schwedens erfolgte.

In der folgenden Epoche (Steinzeit)[1)] drang wohl von Frankreich und Belgien her die Technik der Steinwerkzeuge ein, und eine dichtere Bevölkerung wird die Küsten besetzt gehalten haben. Küchenabfallhaufen, wie in Dänemark, fehlen schon deshalb, weil die Austern, Tapes und große Herz- und Miesmuscheln nicht in der Ostsee vorkommen, aber Knochenansammlungen sind im Ryck bei Wieck durch Bagger zutage gefördert, genauso wie in der Trave bei Lübeck. Die Senkung der Litorinazeit begrub manche der älteren oder gleichzeitigen Siedelungen. Man hat bei Teschwitz in Rügen, auf der Prerowbank und an anderen Stellen Feuersteinwerkzeuge beim Fischen mit hochgebracht. Die Bevölkerung wurde durch das vorschreitende Meer landeinwärts gedrängt. Die jüngere Litorinaperiode entspricht wohl dem Neolithikum, die ältere dem Paläolithikum oder, besser gesagt, den durch solche Werkzeuge bezeichneten Übergangsstadien der pommerschen Kultur. Denn z. B. das französisch-belgische Paläolithikum und Neolithikum sind wesentlich älter als unsere

1) H. Schumann, Die Kultur Pommerns in vorgeschichtlicher Zeit, Berlin 1897; und Baltische Studien, Bd. 46. Außerdem sehr viele Einzelfunde, Notizen und Aufsätze in allen Bänden der Baltischen Studien und der Monatsblätter des Pommerschen Altertums- und Geschichtsvereins, Stettin.

baltischen Funde. Die ältesten Steinwerkzeuge, durchweg aus Feuerstein, sind roh gearbeitet, von rhombischem Querschnitt. Die neolithischen Sachen bezeugen eine vorgeschrittene Technik in der gleichmäßigeren Absplitterung, ebeneren Zurichtung und besseren Retuschierung. Gold- und Bernsteinschmuck waren damals bekannt, ebenso Töpferei, die ziemlich hoch stand. Eine sorgfältige Bestattung in Kegelgräbern mit Steinsetzung und Steinpackung ließ sich in zahlreichen „Hünengräbern“ nachweisen.

Doch ist recht bemerkenswert, dass die mächtigen Steinbauten nur bis an die Dievenow, nicht aber nach Hinterpommern reichen. Sie lassen sich dafür über Mecklenburg und die Lüneburger Heide nach Westdeutschland verfolgen. Berühmt sind die Hünengräber auf Jasmund, die Dolmen bei Sassen unweit Loitz, die Kegelgräbergruppen von Barnekow bei Züssow und von Ramelow an der mecklenburgischen Grenze[1)].

Leider sind viele durch Raubbau zerstört und ihr Inhalt in alle Winde zerstreut. Das größte ist wohl der Dobberworth bei Sagard. Diese Gräber befinden sich gern in Diluvialmergelzonen, wo genügend Steine zum Bau in der Nähe vorhanden waren. Man baute nämlich aus 8-10 großen Findlingen derart eine Kiste, dass man je vier Steine mit ihren vom Eis geglätteten Flächen nach innen aufsetzte, je einen Stein unten und oben als Schlusssteine einfügte und dann einige ganz große Blöcke (3-16 cbm) als Decksteine darauf wälzte. Das Ganze ist mitunter durch Erde oder Steine kegelförmig eingedeckt worden. Die Gräber sind fast immer Ostwest angelegt. Aus den Beigaben folgt, dass ein Handel bereits bestand. Bernstein kommt im Land vor, aber Gold muss eingetauscht sein. Ferner trifft man große schöne Lanzenspitzen, die nicht aus einheimischem Feuerstein gearbeitet sind, sondern aus Dänemark stammen müssen, wo die dicken plattigen Flinte stattlichere Instrumente herzustellen erlaubten. Im Innern Pommerns kommen nur an bestimmten Stellen Feuersteine in fester Lage vor, in manchen Sandgebieten trifft man keinen Stein; dorthin müssen also von der Küste (Rügen) oder aus dem Moränengebiet oder

[1)] Vorgeschichtliche Gräber auf Rügen und in Neuvorpommern.
Pommersche Jahrbücher. Greifswald 1904.

von einzelnen Stellen (Quitzin, Altenhagen, Leckow usw.) die Feuersteine oder Werkzeuge verhandelt worden sein.

Die Zahl der verarbeiteten Gegenstände ist oft enorm. Das deutet noch nicht auf eine starke Bevölkerung hin, weil die Instrumente sich rasch abbrauchten und durch neue ersetzt werden mussten. Wenn auf Rügen z. B. bei 500 Einwohnern jeder den Tag drei Feuersteine zuschlug und verbrauchte, so macht das auf 100 Jahre schon nahezu 55 Millionen Objekte ohne alle die zugehörigen Scherben aus. Der Boden mancher Stellen auf Rügen und in Vorpommern ist geradezu durchsetzt von solchen Abfällen (Stubnitz, Lietzower Fähre, Glowe), und man kann dort alte Schlagwerkstätten annehmen, indessen ist Vorsicht geboten, da auch im letzten Jahrhundert Flintensteine geschlagen sind.

Angefertigt wurden Beile, Hämmer, Lanzenspitzen, Sägen, Meißel, Messer, Pfeilspitzen, Schaber aus Feuerstein und zwar mittels Schlagens (Schlagsteine) oder Abdrücken durch Holz, ferner aus Knochen Pfriemen, Angelhaken, Harpunen. Nie ist ein Flint durchbohrt, was ja sehr schwierig ist: Jüngere Werkzeuge sind oft geglättet und poliert. Die echten Instrumente haben durch langes Liegen im Humusboden eine sehr charakteristische weiße oder bläuliche oder durch Eisenfiltration eine rote oder gelbe Patina angenommen. Schöne Sammlungen befinden sich in Stralsund und in Stettin.

Auf diese Steinzeit folgt die Bronzezeit, in deren Gräbern wir die Kelte, Lanzenspitzen, Schwertklingen und Schmucksachen (Spangen, Nadeln, Ketten) aus diesem Metall finden. Alle Bronzesachen müssen eingeführt und sehr kostbar gewesen sein. Vielleicht war Bernstein, der in südlichen Ländern mit dieser Legierung zusammen in Gräbern vorkommt, das Tauschobjekt. Der hohe Preis des Metalls hat jedenfalls die Ärmeren veranlasst, sich grüne Steine herauszusuchen und in diesen die unerschwinglichen Dinge nachzuarbeiten. So erhalten wir die reiche, auch technisch interessante Industrie der durchlochten Beile, Doppeläxte usw. aus Diabasen, Grünschiefern, Labradorporphyren, kurzum aus grünen, nicht gerade harten, aber politurfähigen und vor allem zähen Gesteinen, zu denen die skandinavischen Schuttmassen reiche Auswahl boten. Dies Stadium

Abkürzungen:
Bm. - Bistum
Fsm. - Fürstentum
Gft. - Grafschaft
Grhzm. - Grossherzogt.
H. - Herrschaft.
Hzm. - Herzogtum.
Kgr. - Königreich.
NORDSEE
Jütland
KÖNIGR. DÄNEMARK
Seeland
Fünen
Kopenhagen
Schleswig
Rendsburg
Hzm. Holstein
Helgoland (zu Dänem.)
Lübeck
Hamburg
Hzm. Lauenbg.
Hzm. Mecklenbg.-Schwerin
Wismar (Schwed.)
-Strelitz
Rostock
Stralsund
Vorpomm
Hzm. Bremen
Klost. Zeven
Bremen
Fsm. Verden
Lüneburg
Harlinger Land
H. Jever
Fsm. Ostfriesld. (1744)
Emden
Hzm. Oldenbg.
Wildeshausen
z. Bm. Münster
Leeuwarden
VEREIN. NIEDERLANDE
Süder See
Amsterdam
Zütphen
Geldern
Gft. Bentheim
Gft. Lingen (1702)
Bm. Osnabrück
Osnabr.
Gft. Tecklenbg. (1707)
Fsm. Minden
Gft. Ravensberg
Hoya
Kurfsm. Braunschw. Lüneburg (Hannover)
Celle
Hannover
Braun. Wolfenbüttel
Bm. Hildesheim
Fsm. Calenberg
Bm. Münster (1707-29)
Münster
Rheda
Fsm. Lippe Detm.
Hzm. Kleve
Ob. Geldern
Venlo
Turnhout
Mörs
Krefeld
Montfort
Herstall
Gft. Mark
Soest
Hzm. Westfalen (zu Köln)
Bm. Paderborn
Pad.
Fsm. Waldeck
Kassel
Landgft. Hessen-Kassel
Hzm. Jülich
Jülich
Hzm. Limbg.
Lüttich
Stablo
Bm. Lüttich
Hzm. Berg
Köln
Erzbm. Köln
Gft. Sayn Altenkirchen (1741-1791 zu Ansbach)
Nassau Lande
Erzbm. Trier
Trier
Hzm. Luxemburg (zu Österreich)
Luxemburg
Mosel
Landgft. Hess. Darmst.
Bm. Fulda
Frankft.
Hanau
Kur-Pfalz
Mainz
Lgft. Hess. Darmst.
Bm. Worms
Fsm. Zweibrücken
Saarbrücken
Bm. Speier
FRANKREICH
Elsass
Markgft. Baden
Hzm. Wirtemberg
Gft. Limburg (1713-1742)
Fsm. Hohenlohe
Fsm. Öttingen
Erzbm. Mainz
Würzbg.
Bm. Würzburg
Bm. Bamberg
Bambg.
Fsm. Baireuth
Bair. (1791 zu Preuss.)
Hof
Fsm. Ansbach (1791 zu Preuss.)
Ansbach
Nürnberg
Bm. Eichstedt
Oberpfalz
Hzm. Baiern
Regensburg
Neuburg
Donau
Fsm. Sulzbach
Kurmark
Priegnitz
Perleberg
Rheinsbg.
Prenz. Ukerm.
Stendal
Altmark
Mittelmark
Spandau
Berlin
Potsdam
Königs-Wusterh.
Hzm. Magdeburg
Magdebg.
Fsm. Halberstadt
Wernigerode
Quedlinbg.
Eichsfeld
Nordhsn.
Gft. Mansfeld (1780 zu Preuss.)
Fsm. Anhalt
Halle
Wittenbg.
Kurfs. Sachsen
Torgau
Leipzig
Weissenfels
Rossbach
Schwarzbg.
Mühlhsn.
Gotha
Eisenach
Erfurt (zu Mainz)
Weimar
Sächsische Fürstentüm.
Rudolstadt
Altenburg
Neustadt
Zwickau
Plauen
Freibg.
Dresden
Hubertusbg.
Teplitz
Eger
Kön. Böhmen
Pilsen
Koburg
Saale
Elbe
Weser
Ems
Rhein
Main
Fsm. Neuenburg. (1707 zu Preussen).
Valengin
Neuenburg
Schweiz
54
52
50
8
10
12
Östl. Länge

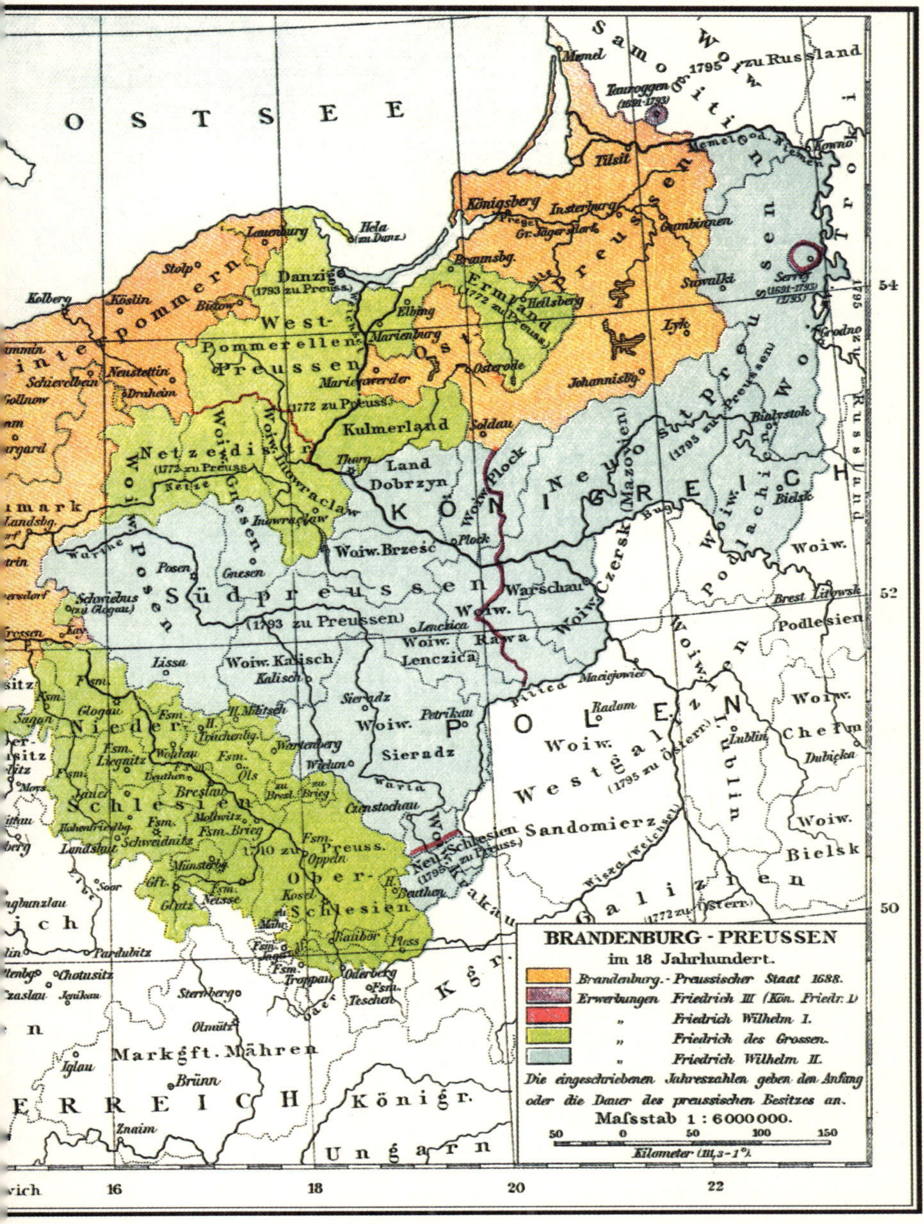

BRANDENBURG - PREUSSEN
im 18 Jahrhundert.
Brandenburg.-Preussischer Staat 1688.
Erwerbungen Friedrich III (Kön. Friedr. I)
„ Friedrich Wilhelm I.
„ Friedrich des Grossen.
„ Friedrich Wilhelm II.
Die eingeschriebenen Jahreszahlen geben den Anfang oder die Dauer des preussischen Besitzes an.
Massstab 1 : 6000000.
50 0 50 100 150
Kilometer (111,3 = 1°).
OSTSEE
Königsberg
Danzig (1793 zu Preuss.)
West-Preussen
Kulmerland
Südpreussen (1793 zu Preussen)
KÖNIGREICH
POLEN
Warschau
Schlesien
Ober-Schlesien
Markgft. Mähren
Ungarn
16
18
20
22
54
52
50

entspricht den süddeutschen und schweizerischen Pfahlbauten, ist aber lange nicht so mannigfaltig. Es scheint, als wenn ein Teil der Bronzesachen im Land selbst hergestellt, also aus Rohmaterial (Barren) gegossen sei.

Im Gegensatz zur Steinzeit herrschte Leichenbrand, daher sind die Gräber kleiner, oft gar nicht über dem Boden sichtbar, aber im Allgemeinen noch Steinkisten. Leider fehlt uns deshalb von den Körperverhältnissen der Bewohner fast jede Kenntnis. Gemeinsam war den beiden älteren Kulturen ein primitiver Getreidebau, bei dem als Pflug wohl die großen, aus granitischen Steinen zugehauenen Keile benutzt wurden. Ackerbar waren damals nur die steinarmen Sand- und Heideflächen, eventuell vermoorte Diluvialmergelflecke und Tongründe. Die Töpferei kam nur wenig weiter; eigentümliche Erzeugnisse sind die vielleicht eingeführten Gesichtsurnen und wichtig für die Kenntnis der Wohnungen die sog. Hausurnen. Die Viehzucht wurde durch Pferd und Hund bereichert, von denen freilich das Pferd heimisch gewesen ist, da wir schon in den ältesten Torfen Knochen und zwar von der germanischen Rasse dieser Tiere antreffen. Man hat die Bronzezeit in mehrere Abschnitte zerlegt und ihre gesamte Dauer auf 1500-500 v. Chr. angesetzt, was ziemlich willkürlich ist. Wie zahlreich die Gräber in manchen Teilen der Provinz waren, lehrt eine Zusammenstellung v. Hagenows aus den Jahren 1825-1829. In Rügen waren damals nicht weniger als 1869 vorchristliche Gräber vorhanden, darunter 229 Steinkistengräber, meist hochgetürmte, weithin sichtbare Bauten. Sie sind bis auf wenige verschwunden, ausgeraubt, eingeebnet und ihre Steine zerschlagen. Hat doch bei Greifswald ein Majoratsherr seine Kathenhäuser aus solchem Material errichtet!

Tausend Jahre mag auch die sog. ältere Eisenzeit[1)] gedauert haben, die auch als Germanenzeit aufgefasst wird. Von Osten her sind diese Stämme eingewandert und haben später das Land wieder geräumt, sodass Völker slawischer Abstammung nachrücken und die Gebiete bis zur Elbe besetzen konnten. Die germanische Kultur wird uns durch die Darstellungen Cäsars und Tacitus' vermittelt.

1) H. Schumann, Urnenfriedhöfe in Pommern. Balt. Studien, Bd. 38.

Wir kennen Schildbuckel, Speerspitzen, Pferdegeschirr, Spangen, Nadeln aus Eisen, sowie einzelne Spuren der Runenschrift aus Pommern. Die Berührung der Germanen zu Beginn unserer Zeitrechnung an der Donau- und Rheinlinie mit den Römern ließ römisch-italische Kunsterzeugnisse bis weit nach Ostpommern, ja sogar nach Skandinavien vordringen.

Silberne Gefäße, Kasserollen mit langem Stiel, bunte Perlen, Silber- und Goldmünzen römischer Kaiser und endlich Glasgefäße sind Zeugen eines Handels, der augenscheinlich bestimmte Straßen innehielt und von Köln zur Elbe, von Pannonien über die Oder nach Schwedt und Kolberg gegangen ist.

Die Rugier, von denen angeblich Rügen seinen Namen hat, werden in Tacitus' Germania erwähnt. Die große germanische Wanderung soll nach E. Geinitz in einer erneuten Senkung der flachen Ost- und Nordseeländer unter den Meeresspiegel ihren Grund haben. Beweise sind kaum dafür vorhanden, auch lässt sich die Litorinazeit nicht soweit zurücksetzen. Eher mögen Beutegier, Übervölkerung und ein Nachschieben slawischer Stämme das Vordringen gegen Südosten, Süden und Westen bewirkt haben.

Seit 500 n. Chr. wird in Pommern das Slawentum herrschend gewesen sein, das sich bis Holstein, Sachsen und Schlesien ausdehnte und als das historische pommersche Volk uns entgegentritt. Es ist nicht ausgeschlossen, dass mongolische Völker, wie wir sie in den Esten und Letten kennen, auch noch in Ostpommern eindrangen.

Die alten Preußen sind in ihrer Volkszugehörigkeit noch nicht sicher untergebracht. Falls sie zu der mongolischen Familie gehören, wären sie die letzten Nachschübe von Osten her, bevor im Mittelalter die umgekehrte Bewegung der deutschen Kolonisation einsetzte.

Die Slawen- oder Wendenzeit heißt auch jüngere Eisenzeit und reicht bis zu den Wendenzügen Otto von Bambergs und den Kriegen Heinrichs des Löwen und seiner Nachfolger. Obwohl also dieser Abschnitt weit in die historische Zeit hineinragt, haben wir doch nur dürftige Nachrichten über die pommerschen Wenden in den Chroniken Adam von Bremens und in den Berichten über die Bekehrungsfahrten Otto von Bambergs. Keine Urkunde oder Inschrift ist uns erhalten. Die Sprache kann nur aus Orts- oder Familiennamen erschlossen werden. Das wendische Volkstum ist völlig in der neugermanischen Kultur aufgegangen. Im Osten der Provinz saßen die Pommern, in Vorpommern und im östlichen Mecklenburg die Leutizier oder Wilzen, die Grenze beider Stämme war die Randow. Um die Peene hatten sich die Zirzipanen, am Tollensee die Tolensanen, auf Rügen die Ranen niedergelassen und bildeten mehr oder minder selbständige, durch gemeinsame Kulte und Heiligtümer oder durch Kriege verbundene Herrschaften. Da die Nachrichten so spärlich fließen, sind wir, wie bei der Prähistorie, auf Bodenfunde im Wesentlichen angewiesen.

Die wichtigsten Reste der wendischen Kultur sind die Burgwälle, deren es mehrere Hunderte, große und kleine, in allen Teilen der Provinz gibt. Auf Rügen allein sind 25 nachgewiesen. Es sind Ringwälle aus Erde, mitunter mehrere ineinander geschachtelt, mit Graben unten und Pfahlwerk oben auf dem Kranz, mit verschanzbaren oder sonst gesicherten Eingängen. Sie dienten teils als Schutz für Heiligtümer, teils als Zufluchtsstätten in Kriegszeiten und konnten Menschen und Herden aufnehmen. Entweder lagen sie, wie die Swantewitburg auf Arkona, die Herthaburg auf Jasmund, die alte Burg auf Cammin, auf Höhen mit weitem Ausblick, auch auf die See, und waren dadurch gesichert, oder sie sind versteckt in Sumpf und Moor angelegt, sodass sie, abgesehen von strengen Wintern, unzugänglich blieben.

Kleine Werder oder Inseln in den Bodden, Halbinseln in den Seen, schmale Übergänge mit etwas trockenerem Hügel in den breiten Moortälern waren die für solche Befestigungen günstigen Stellen. Einzelne Wälle sind sogar auf künstlich mit Stämmen und Faschinenflechtwerk geschaffenen Inseln erbaut. Ihre Eroberung war schwer, oft nur im Winter möglich und geschah vielfach durch Brandlegen an die Palisadenzäune oder durch Inbrandschießen der innenstehenden Holz- und Rohrhütten. Alle Burgwälle haben Zugang zum Wasser, das ja unentbehrlich war. Ihre Verteilung im Land deutet uns jetzt noch die wichtigsten Furten,

Pässe und Straßen an und beweist, wie seit alten Zeiten die Hauptelemente des Verkehrs dieselben geblieben sind. Mit dem Verkehr hängen auch die Hacksilberfunde zusammen. Aus den Burgwällen sind sehr viele deutsche Kolonistenstädte hervorgegangen, die in ihren ältesten Stadtteilen noch den Umriss und die Anlage der wendischen Niederlassung erkennen lassen. Auch das wendische Dorf ist oval oder rund, in sich bis auf einen Ausgang geschlossen gewesen, bis der moderne Verkehr durchgehende Straßen schuf.

In der Nähe solcher Burgwälle, aber auch sonst im Land verteilt, trifft man auf mächtige Scherbenhaufen, die eine einfache Töpferei mit eingedrückten Punkt- und Strichmustern zeigen. Der Silberberg bei Wollin ist beinahe ein Monte Testaccio.

Flecht- und Holzarbeiten waren hoch entwickelt, eine einheimische Eisenindustrie mit Benutzung des Raseneisenerzes wird bestanden haben. Landwirtschaft und Viehzucht hatten sich gegen frühere Zeiten sehr entwickelt und ernährten eine erheblich dichtere Bevölkerung. Die Häuser waren aus Holz mit Flechtwerk errichtet, steinerne Gebäude fehlen, da der Ziegel- und Steinbau, ebenso wie Eisenpflug und Wagen erst durch die christlichen Missionare eingeführt wurden. Es gab berühmte Heiligtümer wie Rethra oder die Swantewitburg auf Arkona; Vornehme und Priester teilten sich die Herrschaft über das Volk. Leider wissen wir sehr wenig von der Sprache. Orts- und Familiennamen kehren in ganz ähnlicher Form in der wendischen Lausitz, ja in Böhmen wieder, sogar in einer ähnlichen topographischen Gruppierung. In Böhmen liegen Choltitz, Pelchow, Bebbin zusammen, in Rügen Polchow, Quoltitz und Bobbin, sodass wir ein Analogon zu Trani, Melfi, Rapolla und Atrani, Amalfi und Rapallo in Unteritalien haben.

Viele der pommerschen Ortsnamen sind unerklärt, andere lassen sich unschwer deuten und von wendischen Worten ableiten. So kommt die Endung gard von gorod = Burg (Stargard = alte Burg, Sagard = bei der Burg, Belgard = Weißenburg), Göhren von Gora = Berg, Lancken von lonka = Wiese, Dolge von dolja = Doline = Vertiefung, Wustrow = niedriges feuchtes Land, daher Wosterwitz, Wusterwitz, Wusterhusen;

Pommern zur Zeit der Hohenstaufen und bis zum Jahr 1273.

Golchen von Chol = Salz, ebenso Cholstle für den jetzt abgesperrten Schmachtersee auf Rügen, Kolberg statt Colbreg = Salzufer. Die Pflanzennamen Damna = Eiche, Lipa = Linde und Zis = Eibe sind schon erwähnt. Med heißt Honig, daher Medow, Medewitz; Camen bedeutet Stein, daher Cammin, Kemnitz, Caminke; Broda = Fähre, also Sta(hl) rbroda = alte Fähre, Glewitz = Straßenende, Haupt. Wie diese Namen werden sich auch manche Sitten, Gebräuche und Aberglauben erhalten haben; indessen sind sie schwer als wendisch zu bestimmen. Als letzte eigenartige Reste der pommerschen Wenden haben sich noch im östlichsten Abschnitt zwischen Lupow und Leba die Slowinzen und Kaschuben gehalten, sind indessen jetzt sehr im Abnehmen und mit ihnen die alten Trachten und Gebräuche. Wendisch ist manches in dem sonst deutschen Pyritzer Weizacker.

Schon bald hatten die Slawen die Einwirkung fremder Völker zu spüren[1]. Vom Osten drängten die Preußen nach, von Norden kamen die Norweger, Dänen oder Wikinger und brandschatzten und plünderten die Küsten. Sie schufen sich an gesicherter Stelle, d. h. am Punkt des heutigen Wollins, die Jomsburg (Jom, auch Jumneta, dann durch Schreibfehler Bimneta und Vineta). Wikingerschwerter sind aus schiffbaren Flüssen (Oder, Peene), also da, wo wir sie erwarten sollten, gebaggert; Goldfunde nordischer Kunst mit stilisierten Tieren, z. B. Eulen, Pferden und Girlanden, wurden an einzelnen Stellen der Meeresküste gemacht. Der schönste ist der Hiddenseer Goldschmuck, aus 16 Stücken bestehend und aus dem Jahr 1000 etwa stammend; andere sind auf Usedom im Meeressand alter Dünen zutage gekommen, als seien sie dort entweder versteckt oder bei Strandung eingewellt.

Die Jomsburg wurde von den Dänen vernichtet, als die Räubereien gar zu arg wurden, aber in der Sage hat sie sich als Bineta gehalten, nur dass sie nach Usedom verlegt wurde.

Auch von Süden her drangen Eroberer ein, die schon früher zu staatlicher Selbständigkeit und Geschlossenheit gelangten Polen. Ihr Herzog

[1] M. Wehrmann, Geschichte von Pommern. 2 Bde. Gotha 1904 und 1906.

Boleslaw III. unterwarf sich weite Strecken des heutigen Pommerns und machte dadurch die Missionstätigkeit Otto von Bambergs möglich, mit der eigentlich erst Pommern in die Geschichte eintritt (1124). Bischof Otto hat 1127-1128 noch einen zweiten Bekehrungszug, aber diesmal von Magdeburg her, nach Pommern unternommen. Die Berichte über beide Reisen sind, wenn sie sich auch manchmal widersprechen, die wichtigsten Urkunden über den Zustand dieser slawischen Länder. 1140 wurde das erste Bistum in Wollin gegründet, dessen Sitz später nach Cammin verlegt worden ist. Damit beginnt die Germanisierung des Landes, um das sich die Fürsten des deutschen Königreichs, die Dänen und Polen, zwei Jahrhunderte lang gestritten hatten. War doch schon Karl der Große 789 zur Sicherung des Sachsenlandes bis an die Peene mit einem Heer gelangt, und die Könige Heinrich I. und Otto der Große hatten vorübergehend das Land bis zur Oder besetzt. Mannigfache Kämpfe mit sehr wechselnden Bündnissen der pommerschen Fürsten und ihrer Nachbarn erfüllten zwei Jahrhunderte, bis nach den Zügen des Bischofs Otto eine systematische Einwanderung von Deutschen aus Sachsen, Westfalen, Friesland, Hannover erfolgte, begünstigt von den Herzögen und den im Land verstreuten großen Klöstern der Zisterzienser und Prämonstratenser. Das Heidentum hatte sich am längsten auf Rügen gehalten, da die Swantewitburg bei Arkona, zugleich ein Räubernest, erst 1168 von den Dänen erobert und verbrannt wurde.

Das 13. Jahrhundert war die Zeit der Gründung deutscher Städte, die mit deutschem Recht beliehen, rasch aufblühten und bald auch gegenüber den einheimischen Herzögen mit Hilfe des Hansabundes, dem sie beitraten, eine recht selbständige Stellung gewannen. Dies gelang umso leichter, als die Herzöge durch weitgehende Teilung in mehrere Linien ihren Besitz verkleinerten und ihre Macht verringerten. Der Deutsche Orden griff von Osten, die brandenburgischen Fürsten von Süden her nach Pommern über, was lange, immer wiederkehrende Streitigkeiten im Grenzgebiet zur Folge hatte, bis endlich unter Anerkennung des Erbrechts der Hohenzollern 1529 im Vertrag zu Grimnitz diesen Fehden ein Ende gemacht wurde.

1456 gründete Bürgermeister Rubenow die Universität Greifswald. 1527 wurde die Reformation eingeführt und 1534 im ganzen Land anerkannt, womit sich eine weitgehende Säkularisation des Bistums und der vielen Klöster in den Städten und auf dem flachen Land verband. Johann Buggenhagen, ein Schüler Luthers, schuf eine neue Kirchenordnung. Von entscheidender Bedeutung wurde für Pommern der Dreißigjährige Krieg. Der Vorstoß der Kaiserlichen 1627 unter Wallenstein in das lutherische Pommern, der zwar vergebliche Versuch des Friedländers, sich Stralsunds zu bemächtigen (1628) und sich in dieser Stadt den Stützpunkt für eine Ostseeflotte zu erringen, veranlassten Schweden, an den Kämpfen in Deutschland aktiv teilzunehmen.

Pommern zur Zeit der Staufer.

Pommern im Jahr 1378.

Gustav Adolf landete 1630 bei Peenemünde und besetzte Pommern. 1637 starb Bogislaw XIV., der letzte männliche Spross des pommerschen Herzoghauses, wodurch die Erbansprüche der Hohenzollern rechtskräftig wurden. Da Brandenburg gegenüber der Eroberungspolitik Schwedens seine Ansprüche zunächst nicht voll durchzusetzen vermochte, dauerten die Krieg um den Besitz Pommerns fast über ein Jahrhundert und haben zusammen mit dem Dreißigjährigen Krieg die Blüte der Städte und den im 16. Jahrhundert langsam gewachsenen Wohlstand des Landes auf lange hinaus gründlich vernichtet. Im Westfälischen Frieden behielt Schweden Vorpommern mit Stettin, um sich Brückenköpfe und Einfalltore zu sichern; Hinterpommern nebst dem Bistum Cammin fiel an Brandenburg.

Teile Pommerns im Besitz der Schweden.

Der Schwedisch-Polnische Krieg 1655-1660 gab dem Großen Kurfürsten Bütow und Lauenburg, der zweite Eroberungskrieg Ludwigs XIV. 1672-1678 brachte die mit diesem verbündeten Schweden bis in die Mark, wo sie bei Fehrbellin 1675 auf das Haupt geschlagen wurden und dann durch die energische Kriegsführung Friedrich Wilhelms und Derfflingers ganz Vorpommern einschließlich Rügen und Stettin verloren.

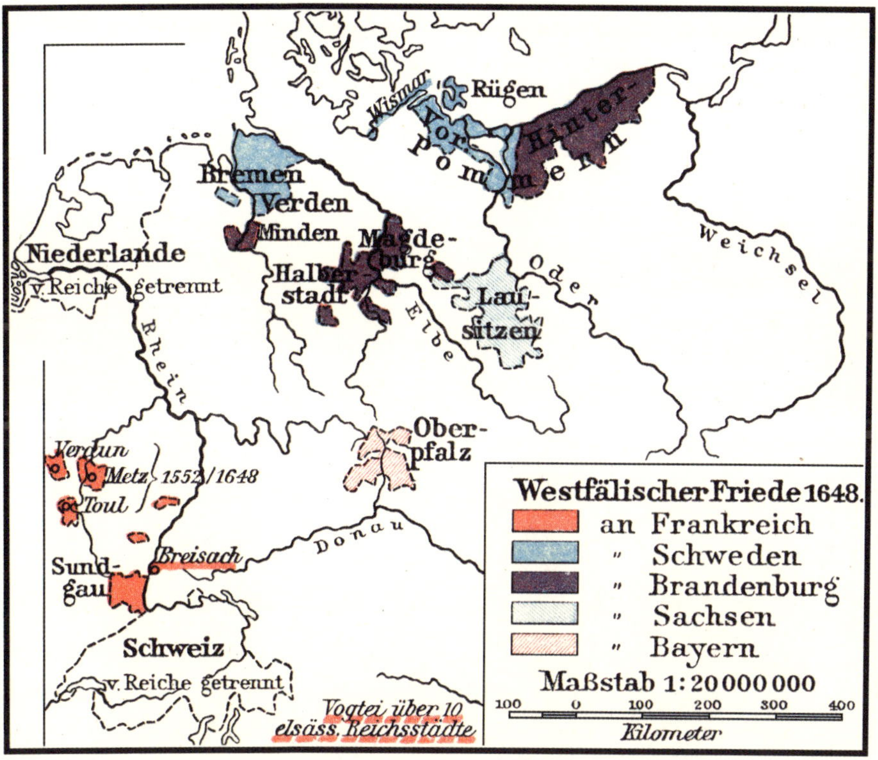

Pommern nach dem Dreißigjährigen Krieg.

Der Friede von St.-Germain en Laye setzte sie aber bis auf Cammin und Greifenhagen wieder in ihre Besitzungen ein. Erst der Nordische Krieg unter Friedrich Wilhelm I. gab Vorpommern bis zur Peene im Frieden zu Stockholm 1720 an die Hohenzollern. Der Siebenjährige Krieg änderte nichts am Besitzstand, verheerte aber mehrfach durch Einfälle der Schweden und Russen das Land.

Pommern 1807 bis 1815.

Schwere Zeit brachte der Franzosenkrieg 1806, und erst nach dem Sturz Napoleons 1815 wurde das letzte schwedisch gebliebene Stück als Neuvorpommern und Rügen dem preußischen Staat einverleibt, sodass damit die Provinz Pommern in ihrem heutigen Umfang geschaffen werden konnte.

Stargrard. Mühltor.

DEUTSCHES REICH

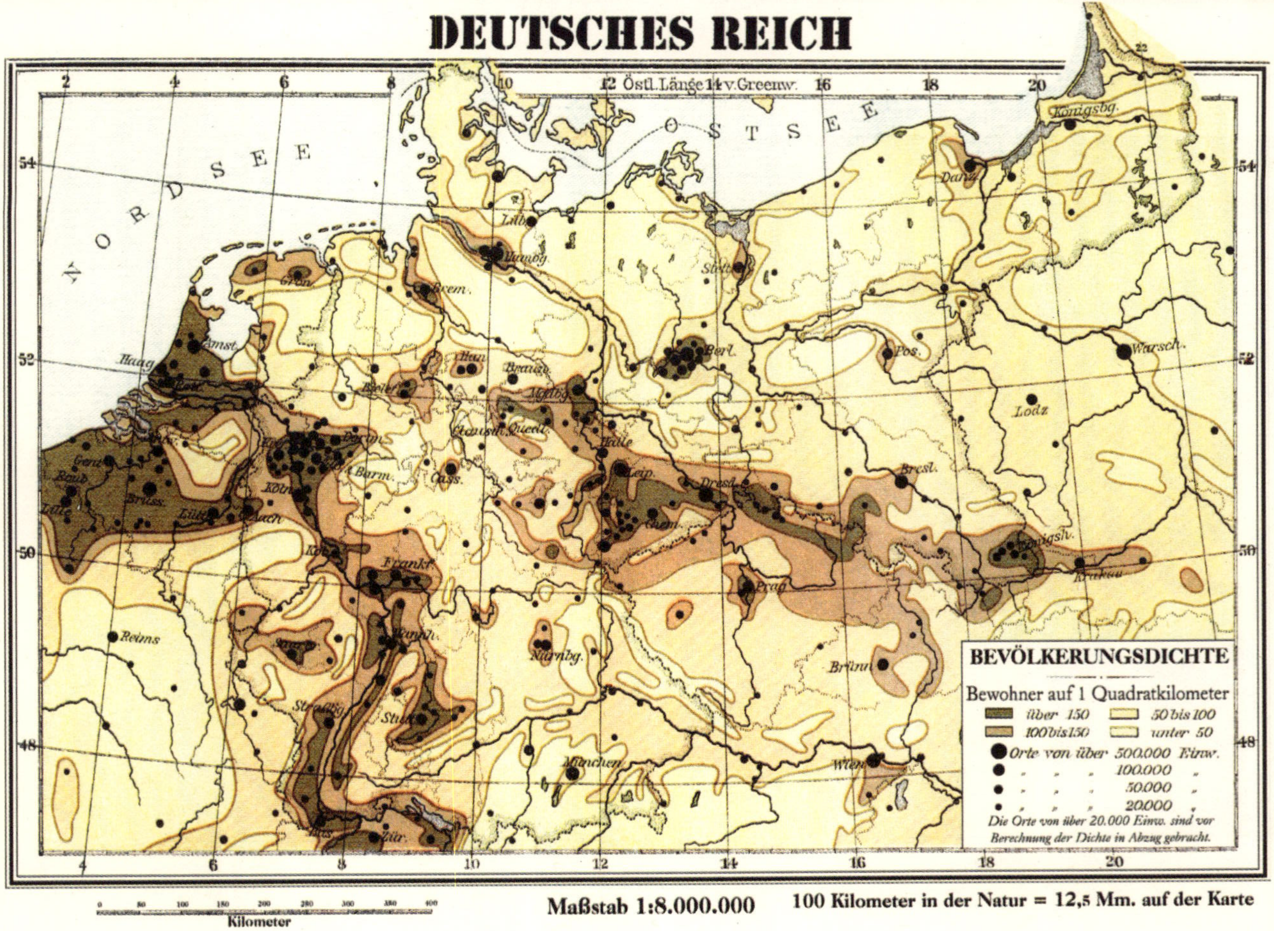

Maßstab 1:8.000.000 100 Kilometer in der Natur = 12,5 Mm. auf der Karte

Bevölkerung und Siedelung

Nach dieser historischen Skizze sind die folgenden Betrachtungen über Bevölkerung und Siedlungsform zu beurteilen. Das Land war vor dem 13. Jahrhundert durchweg slawisch, ist aber ungemein rasch germanisiert worden und zwar derart, dass die einheimische und zugewanderte Bevölkerung völlig miteinander verschmolzen. Das Hauptverdienst daran haben die Städte und Klöster.

Die Wenden besaßen, wie bereits erwähnt, in ihren Burgwällen feste Niederlassungen. Wir kennen als solche z. B. Pyritz, Stettin, Stargard, Wollin, Usedom, Demmin. Alle diese und viele andere sind direkt in deutsche Städte übergegangen. An die Stelle der alten Burg trat die Hauptkirche und der Markt, und die übrige Stadt mit ihren regelmäßig rechtwinklig sich kreuzenden Straßenzügen bedeckte den Rest des Hügels um die Burg. Von den Wenden übernahmen die Kolonisten die Befestigung ihrer neuen Orte durch Sumpf und Moor und erhöhten die Sicherheit durch Stau der umgebenden Wasser, wobei zugleich für die ebenfalls neu eingeführten Wassermühlen die erforderliche Kraft gewonnen wurde. Ein typisches Beispiel ist Stralsund, dessen künstliche Teiche durch weitausgreifende Zuleitung ihr Wasser erhalten haben.

Die Ansiedler brachten die Kunst des Ziegelbrennens und des Steinbaues mit. Obgleich die ersten deutschen Häuser und Kirchen sicher noch aus Holz waren und oft genug dem Feuer erlagen, traten allmählich Stadtmauern an die Stelle der Erdwälle und erhoben sich die Backsteinbauten der Kirchen und Rathäuser. Sobald in der Umgegend gerodet wurde, kamen die zahllosen Findlinge zutage. Der Unterbau der Stadtmauern, die Fundamente der Kirchen bezeugen noch heute, welche Massen von Steinen in zum Teil riesigen Dimensionen vorhanden gewesen sein müssen und Verwendung fanden, wodurch sofort auch die Stadtmark gereinigt und bestellbar wurde.

In dem Loitzer Stadtwald, in den Endmoränenzügen Hinterpommerns kann man heute allein noch ein Bild von dem ursprünglichen Zustand gewinnen und zur würdigenden Abschätzung der im Laufe der Jahrhunderte geleisteten Arbeit gelangen. Der rasche Aufschwung der Städte erlaubte ihren Bewohnern, die mächtigen gotischen Hallenkirchen (Stralsund, Stargard) aus Ziegeln auszuführen, wobei vielfach die Lübecker Marienkirche als Muster diente. Durch manche Kriegszeiten beschädigt, aber immer wieder, so gut es ging, hergestellt, haben sich diese Kirchen in fast allen Städten erhalten und beweisen die sichere feste Gewölbebauart der Altvordern. Die Stadtmauern erhielten einen Ziegelaufbau mit Türmen und Wehrgang, die Stadtausgänge massive, einfache oder doppelte Tore. Es herrscht im Stil die niederdeutsche Gotik mit mächtigen Fenstern oder langen schmalen Fensterblenden vor, wobei bunte, glasierte Ziegel als Schmuck dienten. Chorerhöhung und Turmsockel sind oft mit gotländischem Marmor verkleidet. Die Stadtmark wurde unter die Bürger verteilt und hat häufig bis zur Gegenwart in Weg- und Grabenleitung Spuren dieser ersten Parzellierung bewahrt.

Auf dem Land wirkten als Kulturträger die Klöster, teils von deutschen, teils von dänischen Mönchen gegründet und besiedelt, nämlich die Klöster von Neuenkamp (Franzburg), Eldena, Stolpe an der Peene, Grobe auf Usedom, Kolbatz, Treptow a. d. Rega. Diese zogen deutsche Bauern heran und machten mit deren Hilfe das Land urbar.

So entstanden die vielen „Hagen"dörfer mit den deutschen Namen (Vilms-, Hinrichs-, Peters-, Gerdshagen usw.). Dann bildeten sich neue Kirchengemeinden (z. B. Neuenkirchen) und zwar wiederholt sich die Lage der Kirchen auf alten Burgwällen oder isolierten Hügeln mit einem festungsartigen Kirchhof (Gristow). Diese Gründungen gehen bis ins 15. Jahrhundert weiter. Im Osten herrschte der Deutsche Orden, im Süden siedelten sich die Templer und andere Ritterbünde an, woran noch Lauenburg, das hochliegende Ordensschloss in Bütow mit seinen vier massigen Türmen, die Orte Tempelburg, Dramburg und Falkenburg erinnern. So schob sich von allen Seiten her deutsches Blut zwischen die Wenden ein, deren Adel schließlich ebenfalls mit Deutschtum durchtränkt wurde.

Bemerkenswert ist, dass die besseren, d. h. die fruchtbareren Mergelböden, den Kolonisten zufielen, während Moor und Sand die Zufluchtsstätten der Slawen blieben. So entstanden im westlichen Pommern die eigentümlichen Streifen mit deutschen Ortsnamen, die mit wendischen Inseln oder Zonen abwechseln. Man trifft auch oft neben der neuen eine zweite wendische Niederlassung (Kirch- und Wendisch-Baggendorf). In Hinterpommern sind diese deutschen Zonen klein und spärlich, reichlicher nur gegen die Neumark hin vorhanden.

Die andauernden Fehden und die Kriege wandelten wie im übrigen Deutschland im 15. Jahrhundert die freien Bauern oder Erbpächter allmählich in Hörige und Leibeigene um. Der Besitz gelangte immer mehr in wenige Hände, wodurch der Grund zu dem heute in der Provinz herrschenden Großgrundbesitz gelegt wurde. Durch den Dreißigjährigen Krieg und die darauffolgenden Kriegszeiten war Pommern verarmt, die Städte heruntergekommen, oft ganz zerschossen und nur notdürftig wieder aufgebaut (Greifswald, Stralsund, Kolberg), das Land menschenleer und wüst geworden.

Die Lubinsche Karte hat in Rügen eine Menge von Orten verzeichnet, die heute nicht mehr existieren. Das Bauernlegen war leicht und allgemein üblich. So hatte Pommern 1688 nur wenig über 100.000 Einwohner, d. h. 8-9 Menschen auf einen Quadratkilometer. Der Große Kurfürst fand keine Zeit, sich nachhaltig mit der Hebung der verödeten Landstriche zu befassen; erst sein Enkel Friedrich Wilhelm I. nahm in Vorpommern die Kolonisation in Angriff und bevölkerte die Uckermünder Gegend und den Randowbruch; Friedrich der Große griff nach dem Siebenjährigen Krieg energisch ein und kolonisierte die Gegenden bei Uckermünde, Greifenhagen, Gollnow, Damm, den Plönebruch, das Lebatal u. a., nachdem umfangreiche Wasserarbeiten diese Gebiete trocken gelegt hatten.

Es sind 159 Dörfer gegründet und über 26.000 Personen aus der Pfalz, Schwaben, Sachsen, Mecklenburg und Posen zugezogen. Diese Kolonistendörfer heißen nach den damaligen leitenden Personen (z. B. Brenckenhof, Borkensriede, Friedrichsfelde); auch wurde das Bauernlegen verboten. Der Napoleonische Einfall brandschatzte Pommern abermals, aber eine Folge der Kriege war die Aufhebung der Leibeigenschaft. Leider

BAUERNHAUSFORMEN IM DEUTSCHEN REICH

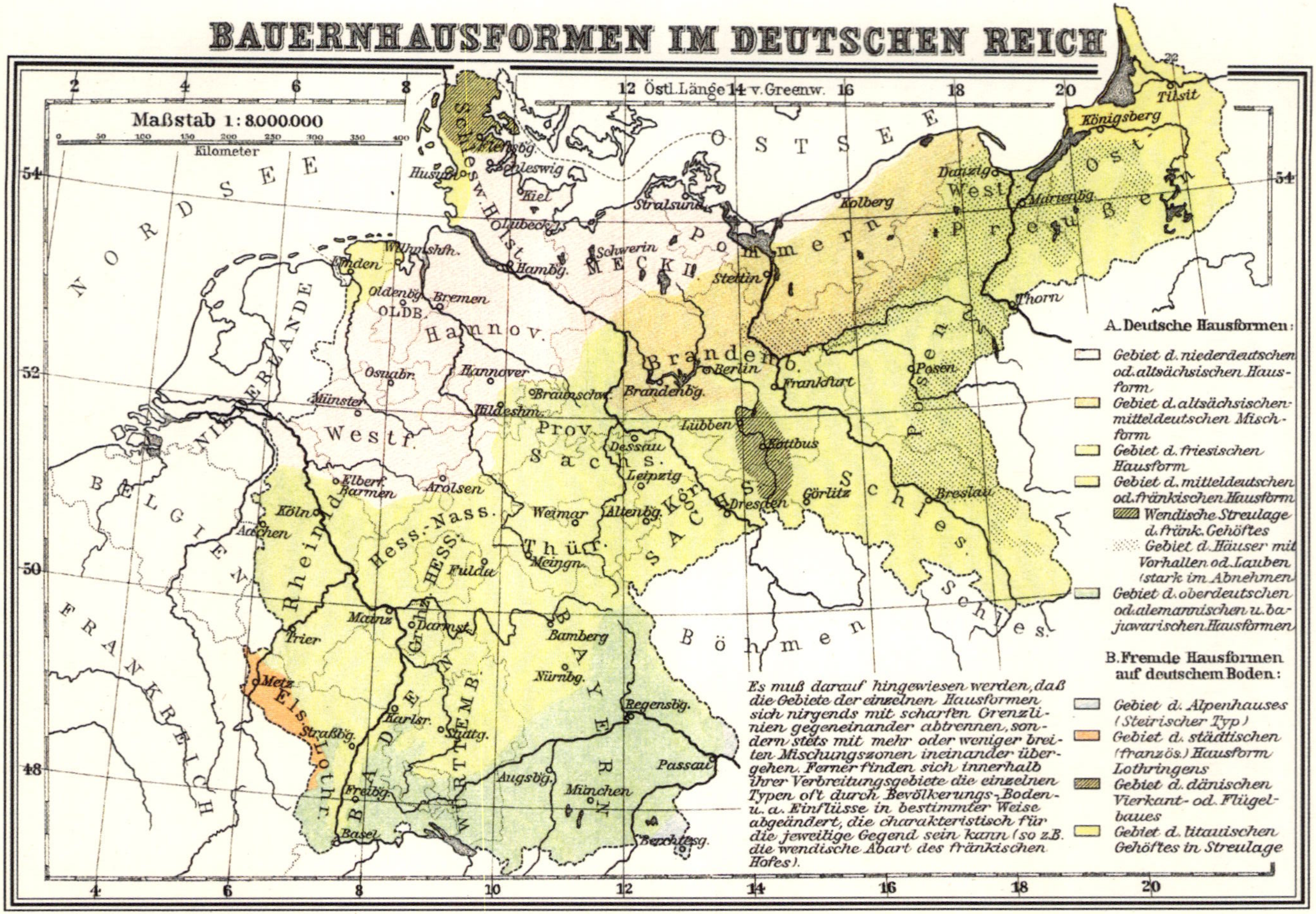

knüpfte sich an diese eine erneute Verminderung der Bauern an, sodass an dem allgemeinen Zustand nichts geändert wurde, im Gegenteil, der Großgrundbesitz in Neuvorpommern noch mehr wuchs (1830-1840). So ist der heutige Bestand geworden, der 72 Städte, 2.087 Landgemeinden und 2.401 Gutsbezirke aufweist.

Bemerkenswert ist, dass eigentlich keine Stadt, mit Ausnahme von Franzburg, seit der Germanisierung neu gegründet wurde. Manche von den kleinen Orten halten sich nur kümmerlich und nehmen bei jeder Volkszählung ab, andere vermehren sich nur unbedeutend. Das liegt daran, dass eine kaufkräftige Bevölkerung in der Umgebung fehlt, dass die Güter immer mehr direkt vom Produzenten beziehen und direkt verkaufen, dass die Saisonarbeiterwirtschaft das flache Land entvölkert.

Bauerndörfer sind nur strichweise in größerer Zahl vorhanden. An den Küsten haben wir überall kleine Fischerdörfer, deren Bewohner Landwirtschaft als Nebengewerbe betreiben. Ein Dorfstreifen liegt zwischen Wolgast-Greifswald-Richtenberg-Saal, ein anderer östlich von Rügenwalde. In Neuvorpommern und Rügen stehen den 192 Landgemeinden sogar 664 Gutsbezirke gegenüber, im Regierungsbezirk Köslin halten sich beide das Gleichgewicht (916 und 919).

Der Großgrundbesitz ist vielfach gebunden. In einigen Kreisen gehört der Boden wenigen Familien, sodass man von einem Köllerschen, Flemmingschen, Puttkamerschen Kreis spricht. Auf Rügen hat Fürst Putbus sehr ausgedehnten Fideikommissbesitz, in Neuvorpommern die Familie von Behr, bei Anklam die Schwerins und Arnims.

Ein sehr ansehnlicher Güterkomplex, der ehemalige Besitz des Klosters Eldena, ist der Universität Greifswald zugefallen. Viele Städte haben die Ländereien ihrer Klöster bei der Säkularisation als Grundlage der milden Stiftungen erhalten. 185 Güter sind Domanialeigentum. Erst in neuster Zeit hat eine umgekehrte Bewegung, nämlich Zerschlagung einzelner Güter in Rentenkolonien eingesetzt, die sehr gefördert werden sollte, weil sie allein die Abwanderung aufzuhalten vermag. Bei normalerer Verteilung des Bodens könnte Pommern eine ungleich größere Zahl von Menschen ernähren.

Die Städte sind alle auf trockenen Hügeln in moorigen Flusstälern oder anderen Rändern erbaut. Auf dem höchsten Punkt oder auf der Achse des Rückens stehen Rathaus oder Kirche. Ein bis drei Straßen laufen in der Länge, die anderen senkrecht dazu. Mitunter sind zwei Anlagen miteinander verschmolzen, z. B. in Stralsund. Das Ganze war von der Stadtmauer mit Türmen, Wiekhäusern und Toren umschlossen, wovon Stargard und Pyritz gute Vorstellung geben.

Jenseits der Moorfurchen haben wir, durch Dämme mit der Stadt verbunden, die Vorstädte (Demmin, Belgard), die bei dem beschränkten Raum der Stadthügel gegenwärtig das Wachstum der Gemeinde bezeichnen. Mit den schönen Giebelhäusern haben die Belagerungen gründlich aufgeräumt; am meisten hat Stralsund das alte Bild bewahrt; Greifswald, Anklam, Stargard, Kolberg usw. besitzen noch einige schöne gotische Privatbauten. Der Renaissancestil ist in Pommern nur vereinzelt vorhanden.

Die Landsitze sind zum Teil alte Schlösser (Thurow, Mellenthin) mit Wassergraben und unglaublich dicken Mauern. Die meisten sind umgebaut. An den Herrensitz schließt sich hinten der Park oder Garten an. Stallungen und langgestreckte Scheunen liegen auf den Gütern meistens vor dem Hof, mit den Langseiten einen breiten Raum begrenzend. Früher waren sie in Fachwerk mit Lehmwänden und Stroh- oder Schilfdach, jetzt nach vielen Bränden werden sie mehr und mehr massiv mit festem Dach aufgeführt. An das Gut schließt sich das „Dorf" an, d. h. mehr oder weniger Häuser, in denen die Arbeiter (Katenleute) hausen. Es muss zugestanden werden, dass diese Katen auf manchen Besitzungen neu erbaut sind und ganz freundliche Wohnungen bieten; aber es sind leider noch sehr viele baufällige, immer wieder geflickte Häuser, besonders auf Pachthöfen, darunter, in denen ordentliche Familien wirklich nicht haushalten können.

Manche Güter haben für abgelegenere Felder besondere Ausbauten oder Vorwerke, d. h. kleinere isolierte Höfe, die oft der Rest eines verschwundenen oder gelegten Dorfes sind. In den Dörfern liegen die Häuser mit der Front gegen die Straße, die Kirche mit Friedhof oft in der Mitte etwas erhöht. Die neuen Rentengüter und die jüngeren Kolonistendörfer haben lose Bauart (Zarrendorf, Groß-Elmenhorst, Hackenwalde, Gollnowshagen) und erweisen sich dadurch schon als junge, praktischer für die Bestellung angelegte Siedelungen.

Landgemeinden und Güter sind zu Kirchspielen seit alter Zeit zusammengeschlossen. Bemerkenswert sind die Reihendörfer des Pyritzer Weizackers und die Häuser und langen Scheunen Mönchguts auf Rügen, beides Erinnerungen an die niedersächsische Heimat der deutschen Kolonisten, aber einzeln stehende Bauernhöfe, wie in Westfalen oder Holstein, gibt es nur wenige.

Die Bevölkerung ist jetzt durchweg deutsch. Die jedenfalls von Niederdeutschen nicht sehr verschieden gearteten Wenden sind vollkommen aufgesogen. Nur im äußersten Nordosten blieben die Kaschuben übrig, die auf wenige Köpfe zusammengeschmolzen sind; indessen rücken neuerdings Polen aus Posen und Westpreußen im Osten nach und sind bereits auf mehr als 20.000 angewachsen. Der Volksschlag ist groß, stämmig, langsam in Wort und Bewegung.

In Vorpommern wurden 69,2 %, in Hinterpommern 69,9 % mit blonden Haaren und hellen Augen gezählt, der Rest hat helle Haare bei dunklen Augen. Die Männer sind kräftig, sodass auf dem Land ein tauglicher Soldat auf 54,2 Einwohner kommt, in den kleinen Städten auf 66,2. Das mag als eine Folge der landwirtschaftlichen Tätigkeit aufgefasst werden. Die Fischer liefern gute, erfahrene Matrosen für die Marine. Aber beide Berufe steigern auch die natürliche Schwerfälligkeit, die Langsamkeit des Entschlusses, wie sie andererseits wieder die zur Durchführung des Beschlossenen erforderliche Zähigkeit durch den Kampf mit Wetter und Natur erzeugen.

Ohne direkt hinterhältig zu sein, vereinigt der Pommer mit seinem biederen Wesen eine gewisse Schlauheit und Berechnung und besitzt eine gute Portion von trockenem Witz und Humor. Der Pommer ist eigentlich eine selbständige Natur, die daher nur ungern in der Stellung der Kätener bleibt und deshalb aus diesen unbehaglichen Verhältnissen fortgeht. Er

DORFFORMEN IM DEUTSCHEN REICH

Taf. VIII

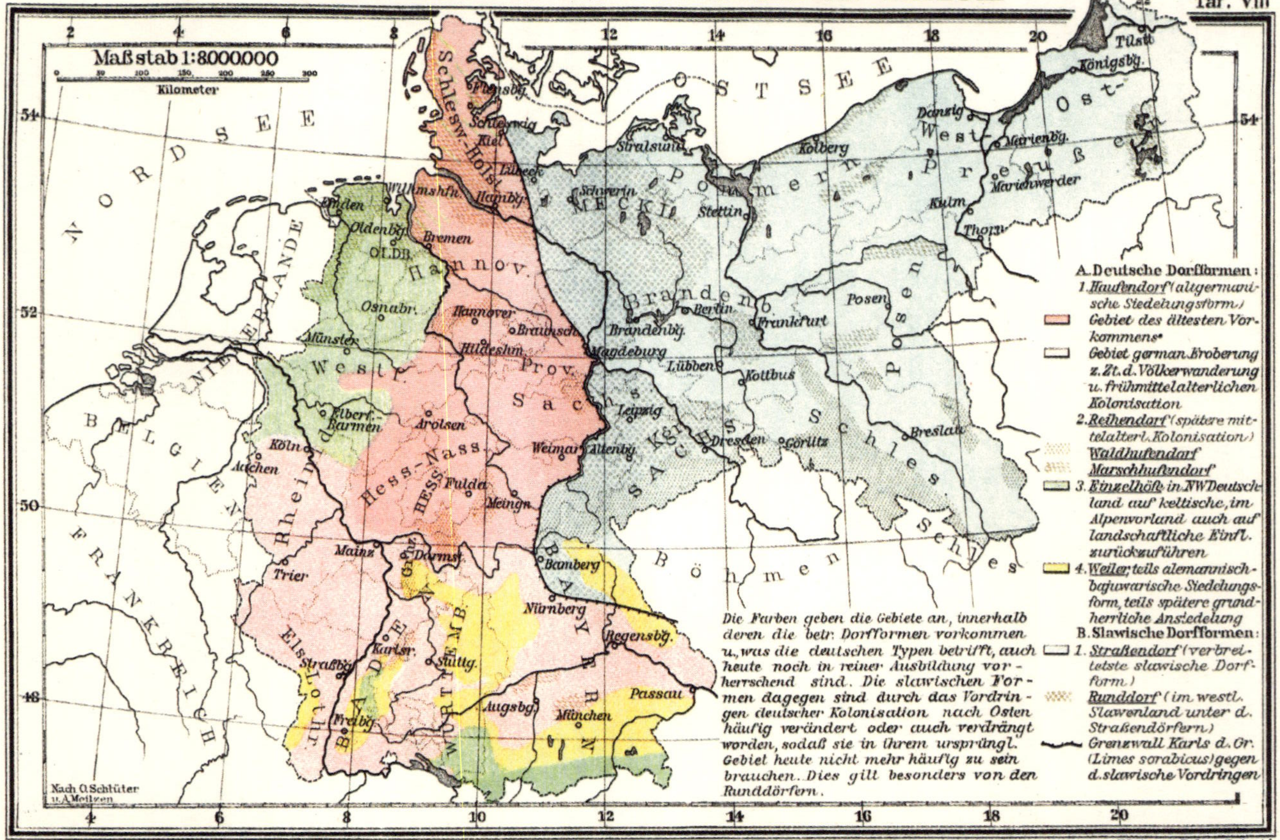

Geogr. Anstalt v. Wagner & Debes, Leipzig

ist ein trefflicher Soldat und hat dies in den letzten Kriegen wiederholt glänzend bewiesen.

Eine Mischbevölkerung zeigt das untere Odertal bei Stettin, da sich außer vielem fremdem Zuzug auch der Einfluss brandenburgischen Blutes bemerkbar macht. Sitten und Trachten haben sich mehr und mehr verloren.

Am eigentümlichsten sind die bunten, schweren Trachten des Pyritzer Weizackers, die an den Westen Deutschlands erinnern, einfach die der Jasmunder Gegend und interessant die Kleidung der Mönchguter auf Rügen, die bei den Männern ein Mittelding zwischen Bauern- und Fischertracht darstellt infolge der Wasserstiefel, der weiten, weißen, kurzen Leinenhosen und dem Südwesterhut. Es sind natürlich die eigentlichen Bauerndörfer, die solche Kleidung und eine Menge von Einzelgebräuchen bewahrt haben. Für die armen Kathenleute ist die Tracht zu teuer.

Das Volk steckt noch voll von Aberglauben und schreibt Sprüchen und Zaubermitteln alle möglichen Wirkungen zu. Es ist bezeichnend, was z. B. an Markttagen in den Apotheken alles gefordert wird.

Sagen[1] knüpfen sich natürlich an alle Naturmerkwürdigkeiten an, z. B. an große Steine (Großstein bei Cammin), an alte Schlösser (Mellenthin), Klöster (Wollin). Die Fischer wissen von versunkenen Stadien (Vineta), vergrabenen Schätzen der Seeräuber (Störtebeker auf Rügen), von versandeten Dörfern (Swantuß) zu erzählen, abgesehen von den vielen auch sonst in ähnlicher Form verbreiteten Märchen der verwunschenen weißen Frau, der kopflos umherirrenden Verbrechern und der wegen allzu harten Sinnes zum Umgehen verurteilten Herren.

Die Volkssprache ist ein niederdeutsches Platt, das aber in Vorpommern, in der Stettiner Gegend und in Hinterpommern recht verschieden klingt, nämlich breiter im Westen, an den Mecklenburger Dialekt erinnernd,

[1] A. Haas, Rügensche Sagen und Märchen. Stettin 1903. - A. Haus, Sagen der Inseln Usedom und Wollin. Stettin 1904. - U. Jahn, Volkssagen aus Pommern und Rügen. Berlin 1888.

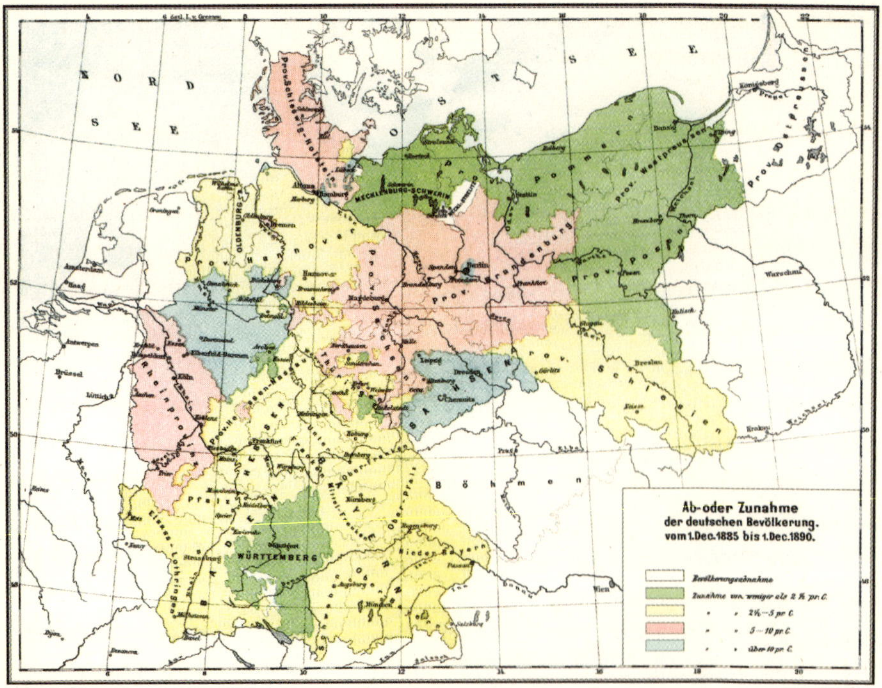

abgeschliffen in der Mitte, singend im Osten. Dies Plattdeutsche wurde früher auch in den besseren Familien der Städte gesprochen, geht jetzt aber durch die Schule, den Militärdienst, durch Handel und Wandel mehr zurück.

In den Fischerdörfern hat der lohnende Badeverkehr das Schriftdeutsch ungemein verbreitet.

Der Religion nach ist Pommern durchweg evangelisch. Ursprünglich war seit der Reformation das Land lutherisch, dann zogen mit den Hohenzollern die Reformierten ein, und es gab im 17. und 18. Jahrhundert lange Zänkereien zwischen beiden Konfessionen.

In der Gegend von Cammin herrscht noch heute das strenge Altlutheranertum, das sich in den Streitigkeiten um die Union der evangelischen Kirchen Preußens selbständig erhielt. Katholiken und Juden sind zusammen 4 % der Bevölkerung. Die Katholiken (3:96) haben seit alters einen gewissen Bestand in den Gemeinden Hinterpommerns, die an Westpreu ßen grenzen und polnische Einwirkung erfuhren.

In den letzten Jahrzehnten mehrten sie sich in den größeren Städten und erbauten eigene Kirchen; auch gehört der allergrößte Teil der fremden Saisonarbeiter der römisch-katholischen Kirche an und kommt Sonntags und an den Kirchenfesten (Fronleichnam, Mariä Himmelfahrt, Allerheiligen) in Scharen zum Gottesdienst in die Städte. Juden (9.600) wandern langsam von Posen und Westpreußen ein, sind daher in Hinterpommern mit seinen zahlreichen Landstädten und in Stettin mehr vertreten als in Vorpommern, wo Großgrundbesitz so sehr vorwaltet.

Im Ganzen hatte Pommern 1910 etwa 1,7 Millionen Einwohner, von denen die Hälfte auf den Regierungsbezirk Stettin entfällt, während der Regierungsbezirk Stralsund nur ca. 200.000 zählt. Demgemäß sind für die drei Bezirke folgende Verteilungszahlen ermittelt: Stettin 71, Köslin 43, Stralsund 55 Einwohner auf einen Quadratkilometer, also eine sehr dünne Bevölkerung; denn Baden und Elsass-Lothringen, die 15.249 resp. 14.518 qkm messen, also etwas größer sind als der Regierungsbezirk Köslin (14.034), haben ca. 2 Millionen Einwohner und 133 resp. 125 auf dem Quadratkilometer, das Königreich Sachsen bei 14.993 qkm 4½ Millionen, also 301 auf einen Quadratkilometer. Der am wenigsten bevölkerte Bezirk in Baden, nämlich Konstanz, fast genau gleich dem Bezirk Stralsund, weist 75 Menschen auf einen Quadratkilometer auf. Köslin ist in Preußen der menschenärmste Bezirk, nur Allenstein (44) und Lüneburg mit der Heide (48) haben ähnliche Verhältniszahlen.

Die Zählung 1910 konstatierte auch einen Rückgang vieler kleinen Städte (Anklam um 344, Demmin 550, Kallies 257, Cammin, Pölitz, Wollin, Uckermünde).

Zwei Kreise (Rummelsburg und Bublitz) besitzen gar nur 30 Einwohner auf einen Quadratkilometer. Von Wichtigkeit ist die geringe Zunahme der Bevölkerung (1900 bis 1905 nur 0,66 %), die ausschließlich auf die Städte kommt, während das Land verliert.

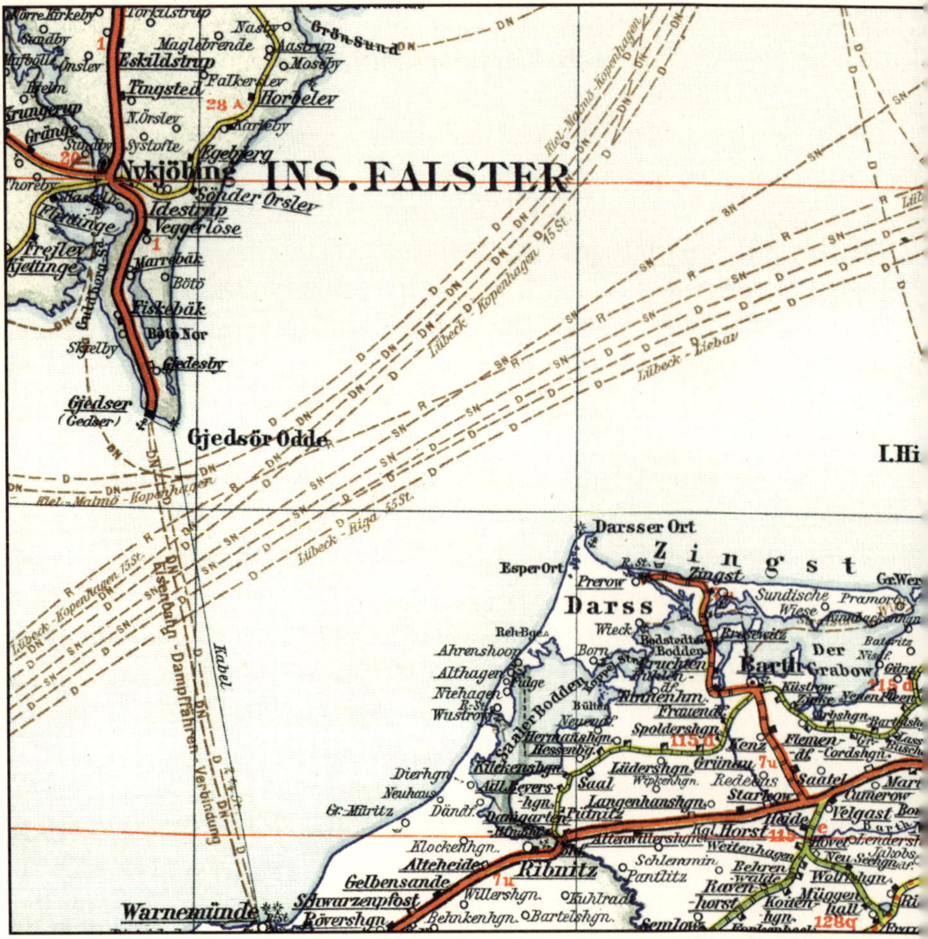

Von Darß, Zingst und Rü

Es sind vorhanden eine Stadt (Stettin) mit ca. 234.000 Einwohnern, zwei (Stralsund und Stolp) mit 31.000, vier zwischen 20-30.000 (Stargard, Greifswald, Kolberg, Köslin), sechs mit Zahlen zwischen 10-20.000 (Anklam, Swinemünde, Demmin, Lauenburg, Neustettin, Pasewalk) und zwanzig mit 5-10.000 Einwohnern, sowie 39 kleinere Orte. Von 72 Städten kommen 35 auf den Bezirk Stettin, 23 auf Köslin, 14 auf Stralsund. Die Städte vereinigen 700.000 Menschen, d. h. fast die Hälfte von 1,68 Millionen. Durch diese Zahl tritt die Entvölkerung des Landes noch deutlicher hervor, denn der Rest von 900.000 verteilt sich auf ca. 4.500 Landgemeinden und Gutsbezirke, die im Durchschnitt also nur 200 Menschen zählen.

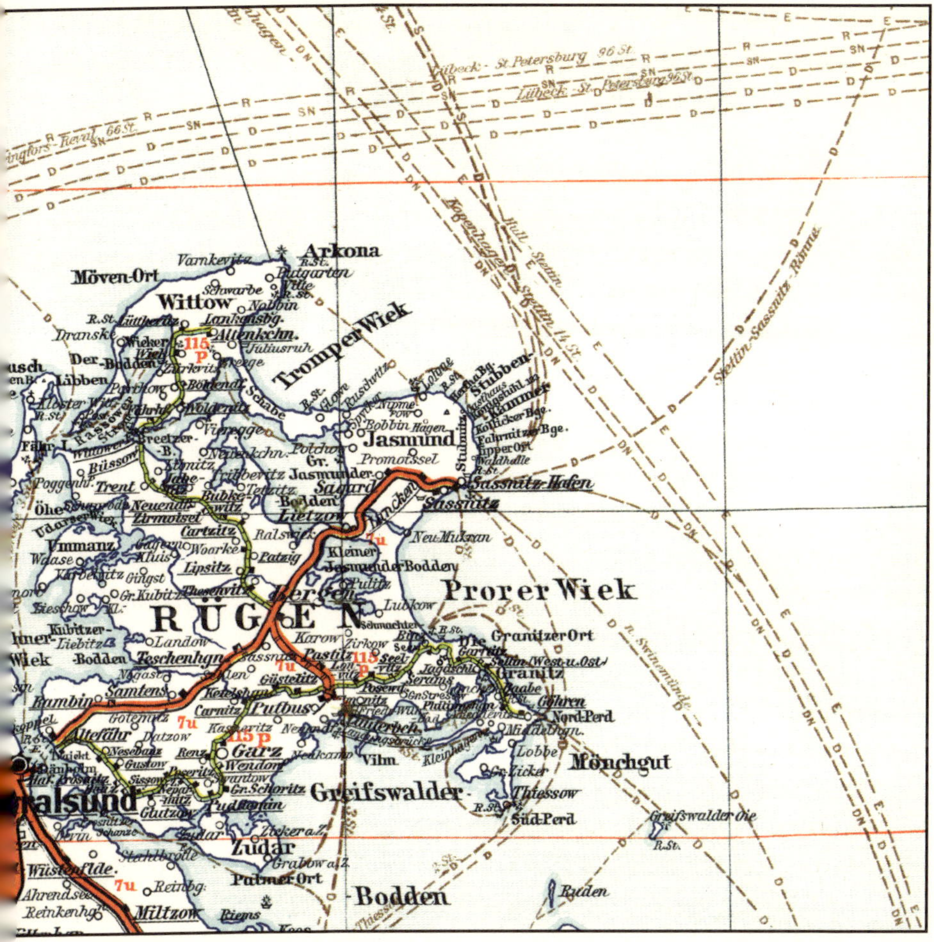

s zum Greifswalder Bodden.

Aus einer Statistik über den Kösliner Bezirk entnehme ich, dass im Jahr 1890 1.070 Wohngemeinden, d. h. 81 % unter 500 Einwohner besaßen, und dass ausgedehnte Flächen zwischen Belgard und Pollnow, Bütow und Schlawe noch nicht 10 Menschen auf 1 qkm hatten; von den unfruchtbaren Dünen der Küste will ich absehen. Ebenso steht es auf Rügen, das 1900 sogar eine Abnahme von 1 % zeigte, die ohne den Zuzug in die Badeorte noch erheblicher gewesen wäre[1].

1) R. E. Müller, Beiträge zur Siedelungskunde Neuvorpommerns und der Insel Rügen. XII. Jahresber. d. Geograph. Gesellsch. Greifswald. Deecke, Landesk. von Pommern.

Auf dieser Insel messen die Gutsbezirke 784 qkm = 81 %, die 74 Land- und Fischergemeinden nur 164 qkm = 17 %, sodass auf eine Gemeinde nur 2,2 auf einen Gutsbezirk 3,45 qkm kommen.

In den Rügenschen Ackerbaugebieten hat die Seelenzahl 1871-1895 sich um 1800 = 6,6 %, verringert. Die Dichte der Landgemeinde beträgt 141, die der Gutsbezirke 22 auf 1 qkm. Das gibt bei dem fruchtbaren Boden der Insel auf ca. 800 qkm nur 16.000 Menschen (Reuß jüngere Linie mit 827 qkm hat abzüglich Gera noch 80.000).

Die Gesamtzunahme betrug in den Jahren von 1890-1895 etwa 3 %, seit 1871 17,7 %, womit Pommern unter den preußischen Provinzen an zweitletzter Stelle steht (Ostpreußen 11,4 %).

Auch der Geburtenüberschuss ist nicht groß (19.000), also nicht ganz 1 %. Das liegt daran, dass von den 54.000 Geborenen 22 % (Maximum in Preußen) im ersten Lebensjahr sterben, eine sehr traurige Tatsache, die aber mit der ganz unglaublich schlechten Säuglingspflege auf dem Land zusammenhängt. Außerdem sind 10-4 % aller Geborenen unehelich!

Die Auswanderung, die früher recht erheblich war, ist zurzeit unbedeutend (4-500 Personen) und bewegt sich vor allem in die Vereinigten Staaten von Nordamerika. Bemerkenswert erscheint, dass sogar Stettin nach der Zählung von 1910 nur um 4 % zugenommen hat, also von allen deutschen Großstädten am wenigsten und seit 1900 von der 17. an die 20. Stelle gerückt ist.

Erwerbsleben

Von allen verschiedenen Zweigen der Erwerbstätigkeit steht in Pommern obenan die Landwirtschaft. Sehen wir von dem Stettiner Handel und einigen Industrien ab, so ist die Provinz eine vorwiegend agrarische, wie denn auch viele Bewohner der kleinen Städte entweder selbst Ackerbau treiben oder auf das umgebende Land mit Bauerndörfern und Gütern angewiesen sind.

Die Bevölkerung verteilt sich folgendermaßen: Landwirtschaft 380.000, Industrie 185.000, Handel 78.000, Häusliche Dienste 15.000, Öffentliche Dienste 42.000. Die bei weitem größere Fläche der Provinz gehört dem Großgrundbesitz, und von diesem ist wieder ein recht erheblicher Teil durch Stiftung oder Fideikommisse gebunden. Über die Hälfte der Fläche, nämlich 55 %, dienen als Acker- und Gartenland, 10,3 % sind Wiesen, 6,2 % Weide und Hutung, sodass über 70 % landwirtschaftlicher Ausnutzung unterworfen sind. Man versteht daher, wie in weiten Teilen der Provinz alles auf die Landwirtschaft zugeschnitten ist, wie um Bestellung, Ernte, Ertrag sich alles dreht, und vom Wetter das Wohlergehen weiter Kreise abhängt.

Die Landwirtschaft wird neuerdings rationeller betrieben, während noch vor 40 Jahren ein jeder ohne Rücksicht auf den Boden und die Absatzbedingungen drauflos baute. Es haben künstliche Dünger jeder Art großen Absatz und Anwendung gefunden, die Dränage ist mehr und mehr durchgeführt, wodurch die breiten und tiefen Wassergräben in Fortfall kommen. Neuerdings ist man zur Bestellung mit Maschinen, zum Tiefdampfpflug, zum Ernten mit Mähmaschinen übergegangen. Die alte Ackerkrume schien vielfach ausgesogen, und statt zu mergeln, holte man mit dem Tiefpflug frische Nährstoffe an die Oberfläche.

Der beste Boden ist der Geschiebemergel, der sehr viele Nährstoffe in sich birgt und, von großen Steinen gereinigt, sich auch gut bestellen lässt. Dann folgen die Sandmergelböden und zuletzt der reine Heidesand. Dieser und die Dünen dienen oft nur als Weide oder Hutung. Der Betrieb ist durchweg extensiv auf den großen Gütern, intensiv auf den Gemarkun

DEUTSCHES REICH

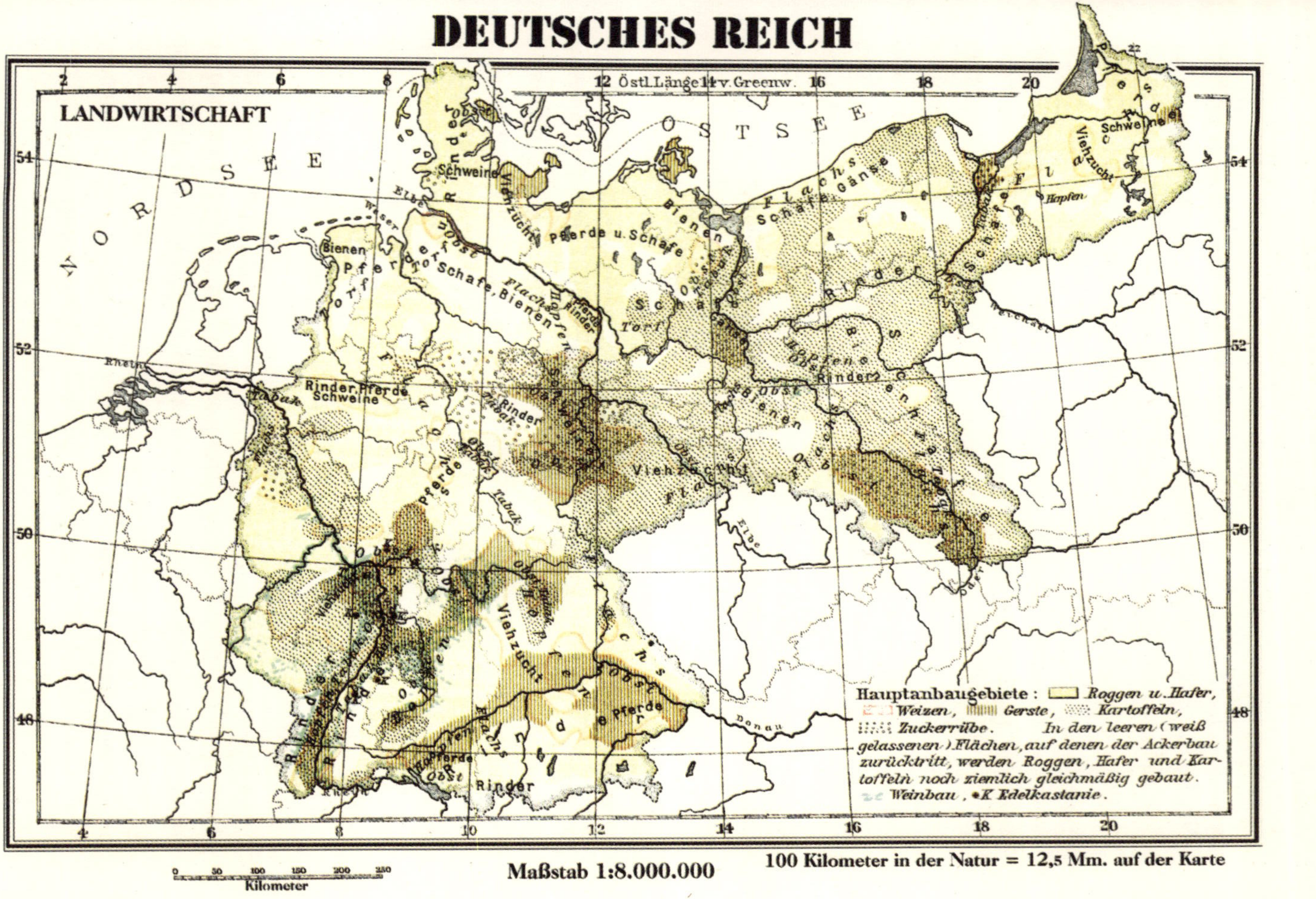

Maßstab 1:8.000.000

100 Kilometer in der Natur = 12,5 Mm. auf der Karte

gen der Kleinbauern. Doch hat die Brache etwas abgenommen, seit mit künstlichem Dünger gearbeitet wird.

Umtrieb, d. h. Wechsel z. B. von Rüben, Korn, Klee, Kartoffeln gilt als Regel. Auf sandigem Boden dient als Vorfrucht, die oft untergepflügt wird, die Lupine, deren gelbblühende Felder weithin leuchten. Während in den Bauernfeldern die Kornblumen, Raden, Winden als Unkraut das bekannte bunte Bild erzeugen, sind die großen Gutfelder meistens arm an solchen Pflanzen, da genaueres Sieben der Saat und sorgsame, dichte Bestellung diese Gäste verdrängen.

Um die Landwirtschaft zu heben und mit allen neuen Methoden und Hilfsmitteln bekannt zu machen, dienen zwei Landwirtschaftsschulen in Eldena und Schivelbein, die erste ist an die Stelle einer landwirtschaftlichen Akademie getreten. Ferner können junge, bereits praktisch tätig gewesene Leute eine Fortbildung gegen mäßige Gebühr erfahren in fünf landwirtschaftlichen Winterschulen zu Demmin, Stargard, Treptow a. R., Köslin und Lauenburg. Dazu kommt eine Ackerbauschule in Stargard.

Eine Hauptfrage ist die Beschaffung von Arbeitskräften, die ja in größerer Menge nur zeitweise bei der Bestellung und Ernte, im Winter gar nicht gebraucht werden. Da in Pommern die Landflucht im Extrem eingetreten ist, hat die Verwendung von Maschinen sehr zugenommen. Die meisten Güter arbeiteten früher mit „Katenleuten", die neben dem Lohn ein Stück Land für Kartoffeln usw. überwiesen, Korn geliefert erhielten und ein Weiderecht für eine Kuh oder Gänse besaßen (Deputat). Diese Zahl genügte für die Hauptarbeit nicht, sodass seit 20 Jahren der Zuzug der Saisonarbeiter (Polen, Walachen, Kroaten) sich stetig mehrte und jetzt viele Tausende beträgt, ohne welche die Güter durch ihre eigene Schuld gar nicht mehr auskommen können. Auch der Betrieb muss auf die Anwesenheit dieser unständigen, im November und Dezember abwandernden Hilfskräfte zugeschnitten werden, woraus sich eine Menge von Übelständen ergibt.

Angebaut wird in erster Linie Getreide, und zwar auf dem guten Geschiebemergelboden Weizen in mannigfachen Sorten, unter denen der empfindliche, aber ergiebige englische Weizen obenan steht. Auf mittlerem Boden gedeiht gut als wichtigste Frucht der Provinz der Roggen, auf sandigem Hafer. Auch Gerste, vor allem Sommergerste, nimmt große Felder ein.

Die Hauptbestellung erfolgt im Herbst, weil das Frühjahr für die Entwicklung der Pflanzen relativ ungünstige klimatische Bedingungen bietet. Doch muss nach starker Kälte manches Feld im März und April neu bestellt werden.

Die Ernte beginnt für das Wintergetreide Mitte Juli und dauert mit dem Rest des Sommerhafers bis Mitte September. In neuerer Zeit ist man von dem Einfahren in Scheunen mehr und mehr abgekommen. Die Massen sind bei den riesigen Feldern zu groß geworden. Daher erfolgt das Dreschen mit Maschinen auf freiem Feld, und das Stroh bleibt, bis es gebraucht wird, in Mieten draußen stehen. Nur die Körner werden eingefahren oder sofort in die Lagerräume der Silos und landwirtschaftlichen Genossenschaften zum Verkauf usw. abgeführt.

Die gewaltigen Strohmieten und die Dampfdreschmaschine mit all ihrem Tross gehören im August zur pommerschen Landschaft. Das Vermahlen geschah früher ausschließlich durch Wind- und Wassermühlen; nun trifft man viele Dampfmühlen, besonders in den Teilen, wo Wasserkraft fehlt, wie z. B. in Vorpommern. Windmühlen und zwar beide Arten (Bock- und Holländermühle) sind noch zahlreich vorhanden, nehmen aber ab, da ihnen meist nur das Korn der kleineren Besitzer und Bauern zugeht und die Löhne steigen. Etwas besser sind die Wassermühlen Hinterpommerns an den Mittelläufen der Flüsse daran, weil regelmäßige Kraft vorhanden ist.

Das nächstwichtige Produkt ist die Kartoffel, die auf lehmig sandigem Boden am besten gedeiht und in vielen Spielarten angebaut wird. Sie ist die Hauptnahrung der ärmeren Bevölkerung.

Auf den Gütern sieht man oft enorme Felder damit bestellt, deren Abernten sich bis in den Oktober hineinzieht. Mit der Kartoffel hängen die Schweinezucht und die Spiritusbrennerei zusammen. Fast jedes große

Gut hat jetzt einen Brennereinebenbetrieb, oder es sind in den Landstädten solche Spiritusfabriken entstanden. Außerdem werden Kartoffeln in großem Maßstab ausgeführt. Da sandiger, sonst wenig ertragsfähiger Boden zum Kartoffelbau dienen kann, ist dieses Produkt für manche Striche der Provinz das wichtigste.

Die dritte bedeutungsvolle Kultur ist die der Zuckerrübe, die freilich guten Mergelboden, reichliche künstliche Düngung und viel Sorgfalt nötig hat.

Die Zunahme der Kartoffel- und Rübenfelder, deren gewaltige Flächen und Erträge Menschenhände zeitweise in Menge verlangen, sind wesentliche Ursachen für das Heranziehen der ausländischen Arbeiter. Die Rübenernte, meist die letzte im Jahr, erfordert vielfach die Anlage von Feldeisenbahnen, damit die ausgemachten, geköpften Rüben sofort der Fabrik zugeführt werden können. Alle Kleinbahnen, zahllose Flusskähne sind dann bis Januar mit dem Transport der Rüben beschäftigt.

Im August beginnen die im Sommer stillliegenden Zuckerfabriken, sich auf die Winterkampagne vorzubereiten; es kommen Mitte Oktober die ersten Ladungen an, und dann geht es Tag und Nacht weiter, bis etwa im Februar die gesamte Ernte verarbeitet ist. Der Zuckerrübenbau ist erst seit 30 Jahren in Pommern wirklich heimisch geworden. Die reichen Einnahmen haben den Anbau zuungunsten des Getreides sich immer weiter ausdehnen lassen, vor allem in Vorpommern und in der Stettiner Gegend, während Hinterpommern wegen früher einsetzenden Frostes sich dafür als weniger geeignet erwies.

Zuckerfabriken schossen in den neunziger Jahren wie Pilze aus der Erde. Vorpommern allein hat solche in Stralsund, Demmin, Jarmen, Anklam, Pasewalk. Die Abfuhr der Rüben zu diesen Fabriken hat die Anlage und Trassierung der Kleinbahnen gefördert und geschädigt.

Etwas abgenommen hat der Rapsbau, weil seine Erträge durch Witterung und Schädlinge sehr unsicher bleiben. Tabak ist nur an den uckermärkischen Grenzen und im Odertal oberhalb Stettins zu sehen. Hopfen und

Reben sind allmählich verschwunden. Man hatte an vielen Stellen mit beiden Versuchen gemacht, die nicht glückten.

Die landwirtschaftlichen Produkte verteilen sich wie folgt:

	Erntefläche (ha)	Ertrag (1.000 kg)	1899/08 100 kg p. ha
Roggen	440.094	768.449	15,0
Weizen	55.029	127.087	22,2
Sommergerste	58.269	130.673	19,7
Kartoffeln	207.598	3.014.093	134,0
Hafer	286.183	599.423	17,3
Wiesenheu	312.625	990.472	35,6

Wenig ausgebildet sind Gemüse- und Obstbau. Einerseits hängt dies mit dem ungünstigen Klima zusammen, weil die Obstblüte oft vernichtet wird, andererseits damit, dass diese Kleinbetriebe nicht gedeihen können auf den Gütern wegen Leutenot und bei den Bauern wegen mangelnder Erfahrung und geringen Absatzes. Von Obst und Gemüsen wird nur soviel angebaut, als im Land selbst verzehrt wird.

Umso mehr ist in den letzten Jahren die Viehzucht aufgeblüht.

Während früher vielfach Viehhaltung an Wiesen gebunden war, ist man durch Anwendung von verschiedenartigen Kraftfuttermitteln zur Stallfütterung und Mästung mit Erfolg übergegangen. Größere Sauberkeit in der Pflege, Erkennung der Krankheiten und Absperrung verseuchter Stätte (bei Maul- und Klauenseuche, Rotlauf) haben bei gleichzeitig steigenden Fleischpreisen sich nicht nur gelohnt, sondern sogar glänzende Einnahmen erzeugt. An Wiesen fehlt es übrigens in Pommern nicht. Alle breiten Flusstäler, die vermoorten Ränder der Seen, viele Niederungen tragen schöne Weideflächen, auch wurden durch Moorkultur manche sumpfigen Gebiete durch Entwässerung in Wiesen umgewandelt, auf denen im Sommer das Vieh weiden kann.

Außerdem ist Klee als Zwischenfrucht sehr verbreitet und dient zur Auf-

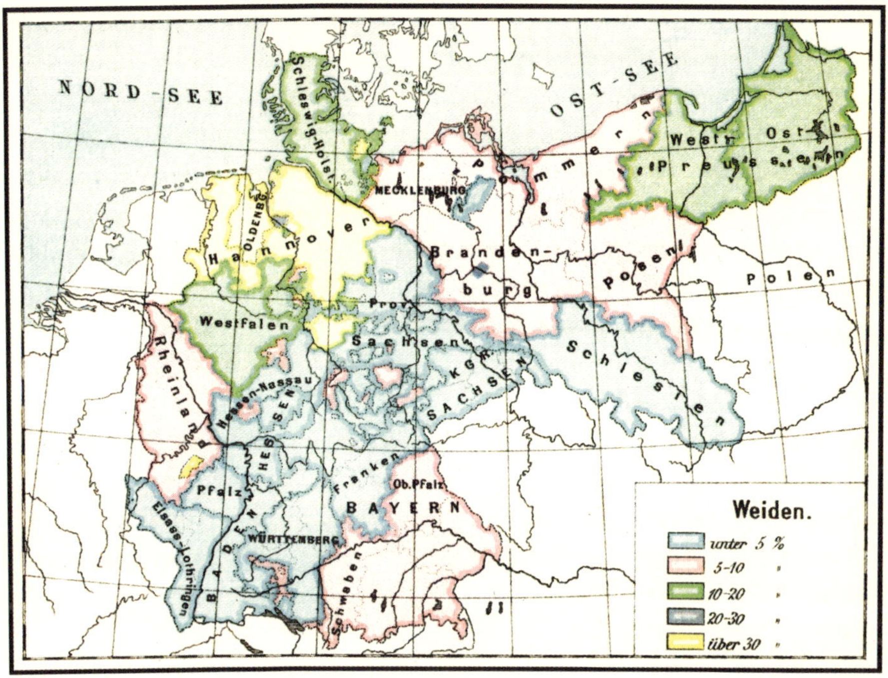
NORD-SEE
OST-SEE
Schleswig-Holst.
MECKLENBURG
Pommern
Westr. Ostr. Preussen
OLDENBG.
Hannover
Brandenburg
Posen
Polen
Westfalen
Prov. Sachsen
Schlesien
Rheinland
Hessen-Nassau
HESSEN
KGR. SACHSEN
Pfalz
Franken
Ob. Pfalz
BAYERN
Elsass-Lothringen
BADEN
WÜRTTEMBERG
Schwaben
Weiden.
unter 5 %
5–10 "
10–20 "
20–30 "
über 30 "

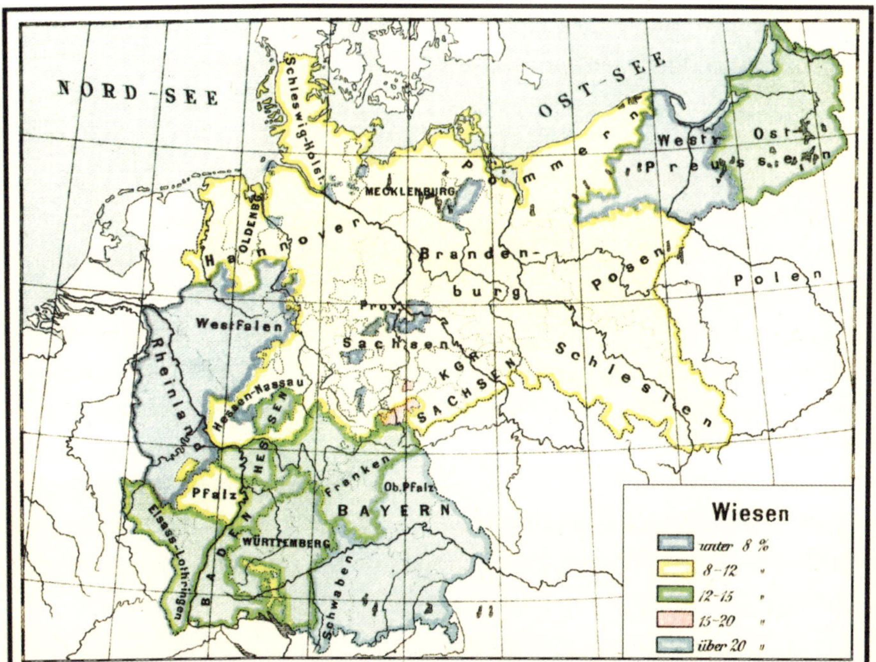
NORD-SEE
OST-SEE
Schleswig-Holst.
MECKLENBURG
Pommern
Westr. Ostr. Preussen
OLDENBG.
Hannover
Brandenburg
Posen
Polen
Westfalen
Prov. Sachsen
Schlesien
Rheinland
Hessen-Nassau
HESSEN
KGR. SACHSEN
Pfalz
Franken
Ob. Pfalz
BAYERN
Elsass-Lothringen
BADEN
WÜRTTEMBERG
Schwaben
Wiesen
unter 8 %
8–12 "
12–15 "
15–20 "
über 20 "

zucht von Jungvieh: Auch die Lupine wird geschnitten, desgleichen Bohnen, und die Rübenköpfe werden im Herbst verfüttert. Vereinzelt sieht man auch Mais als Futter angebaut. Die Rindviehzucht, die noch hinter anderen Provinzen (Schleswig-Holstein, Hannover, Schlesien, Rheinlande) zurücksteht, ist durch Bildung von Körgenossenschaften etwas gehoben und statt der vielen minderwertigen die milchreiche friesische Rasse systematisch eingeführt. Güter und Bauerndörfer haben sich zu Molkereigenossenschaften vereinigt, eigene Molkereien neben einer Bahnstation gebaut und so den Versand und Verkauf von Milch und Butter wesentlich erleichtert.

Auf den weiten Stoppelfeldern, in den Dünen und auf den Brachen weiden oft sehr große Schafherden. Unter das Getreide wird oft die Seradella (Ornirhopus sativus) gesät, die nach der Ernte von den Schafen abgeweidet wird. Pommern hat in Preußen die höchste Zahl dieses Kleinviehs und liefert demgemäß viel Wolle.

Wollmärkte werden im Sommer in fast allen Städten abgehalten. Außerdem ist die Schafzucht sehr gepflegt, sodass Zuchtböcke sogar nach Argentinien ausgeführt werden konnten. Dagegen gibt es wenige Ziegen. In den Kleinstädten werden belgische Kaninchen gehalten.

Die Magermilch der Molkereien, die Kartoffeln und im Herbst die Rübentrebern gestatten eine Aufzucht zahlreicher Schweine.

Viele Güter mit weiten Weideflächen betreiben auch Pferdezucht, und zur Erleichterung der Aufzucht durch die kleinen Besitzer sind Deckhengste im ganzen Land verteilt. Das pommersche Pferd ist von mittelschwerem Schlag und zum Ziehen und Reiten gleich geeignet, was für den Remontenersatz der Armee von Wichtigkeit ist. Sehr zahlreich ist das Geflügel.

Pommersche Gänse haben ja eine gewisse Berühmtheit, und Gänsezucht ist im ganzen Land verbreitet, in den Städten bei kleinen Leuten vor Weihnachten das Mästen ein wichtiger Nebenerwerb und eine Quelle baren Geldes.

Auch die alte slawische Sitte der Bienenzucht ist in dem letzten Jahrzehnt wieder zur Blüte gelangt, seitdem Lehrer und Imkervereine die Sache ordentlich betreiben. Es lässt sich bei den ausgedehnten Heiden und Wiesen aus Honig manche Mark gewinnen, und Pommern steht an Vierter Stelle in Preußen.

Die staatliche Zählung hat folgenden Bestand an Haustieren ermittelt:

Pferde und Esel	227.208
Rinder	797.071
Schafe	1.038.301
Schweine	1.202.523
Federvieh	2.956.351
Bienenstöcke	132.310

Nach der Landwirtschaft sei der Forstkultur gedacht. 20 % der Provinz sind mit Wald bestanden, der nun allmählich in rationelle Verwirtschaftung genommen ist.

Von den Urwäldern der Wendenzeit ist nichts mehr übrig, ja in vielen Gegenden hat ein vor 40-50 Jahren ausgeübter Raubbau altes Holz überhaupt verschwinden lassen, sodass in Bezug auf den Waldbestand Pommern unter den preußischen Provinzen an siebenter Stelle steht.

Wegen Ausnutzung der weiten Landstriche herrschen bei weitem die Kiefernbestände vor, und zwar haben wir von den 619.000 ha Wald ca. 159.000 ha Laubholz und 460.000 ha Nadelwald.

Ansehnliche Wälder bedecken die Uckermünder Heide, die Gegend zwischen Gollnow, Stargard und Altdamm, sowie die Sande bei Belgard und Rummelsburg, aber keineswegs ist der Wald gleichmäßig verteilt. Am meisten besitzt der Regierungsbezirk Köslin mit 22 % der Fläche, Stettin 19 %, Stralsund gar nur 14 %, sodass dieser darin manchen rheinischen Industriebezirken nahesteht und ein waldarmes Gebiet darstellt.

Vom Wind zerzauste Kiefern wachsen auf den Dünen des Seestrandes und

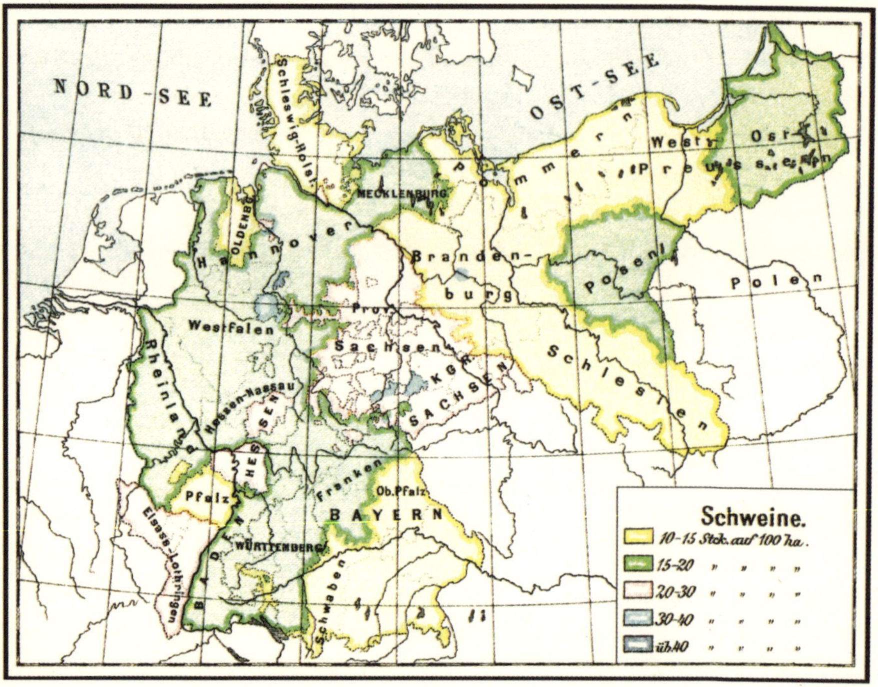
NORD-SEE
OST-SEE
Schleswig-Holst.
MECKLENBURG
Pommern
Westpreussen
Ostpreussen
OLDENBG.
Hannover
Brandenburg
Posen
Polen
Westfalen
Prov. Sachsen
Rheinland
Hessen-Nassau
HESSEN
KGR. SACHSEN
Schlesien
Pfalz
Franken
Ob.Pfalz
BAYERN
Elsass-Lothringen
BADEN
WÜRTTEMBERG
Schwaben
Schweine.
10-15 Stck. auf 100 ha.
15-20 " " " "
20-30 " " " "
30-40 " " " "
üb.40 " " " "

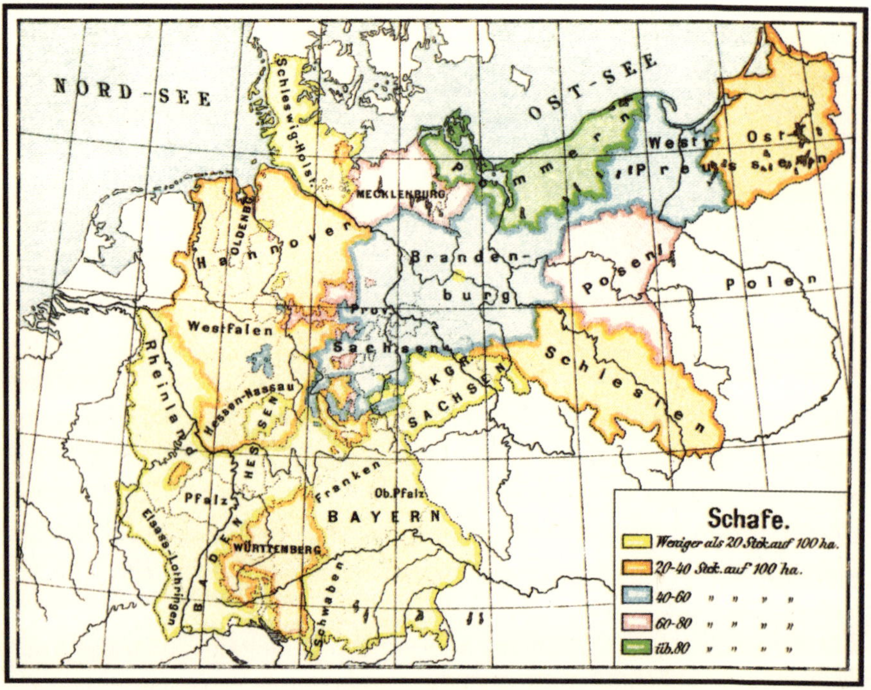
NORD-SEE
OST-SEE
Schleswig-Holst.
MECKLENBURG
Pommern
Westpreussen
Ostpreussen
OLDENBG.
Hannover
Brandenburg
Posen
Polen
Westfalen
Prov. Sachsen
Rheinland
Hessen-Nassau
HESSEN
KGR. SACHSEN
Schlesien
Pfalz
Franken
Ob.Pfalz
BAYERN
Elsass-Lothringen
BADEN
WÜRTTEMBERG
Schwaben
Schafe.
Weniger als 20 Stck. auf 100 ha.
20-40 Stck. auf 100 ha.
40-60 " " " "
60-80 " " " "
üb.80 " " " "

schließen sich landeinwärts zu dichteren Beständen zusammen, die den Sand auffangen.

Buchenwälder sind charakteristisch für Kreide- und Geschiebemergelkuppen. Eichen gedeihen auf mergeligem und sandigem Boden. Sie müssen früher größere Ausdehnung besessen haben. Das Buchenholz ist immer noch im wesentlichen Brennholz oder dient zu Fässern, die Kiefern werden im Großen als Stangen verladen, nachdem sie oft an Ort und Stelle imprägniert worden sind, oder in 2 m Länge zerschnitten als Grubenholz nach Westfalen und England ausgeführt.

Aus Hinterpommern kommen immer noch Bretterladungen, deren Ausfuhrhäfen Rügenwaldermünde und Stolpemünde sind. Dort und an einzelnen Punkten im Innern haben wir Sägemühlen, von denen die bekannteste wohl die Hammermühle bei Varzin ist, außerdem existieren mehrere Holzpapier- und Zellulosefabriken.

Vergessen werden darf hier nicht die recht bedeutende Zündholzindustrie bei Zanow unweit Köslin. Früher war in Pommern die Kohlenfeuerung fast unbekannt. Wenn nicht Holz als Heizmaterial diente, so brauchte man den Torf der ausgedehnten Moore.

Auch jetzt noch lassen größere Güter oder Städte (z. B. Kolberg) Torf stechen, mitunter in vielen Millionen Soden, aber die hochbeladenen Torfkähne sind verschwunden, die im Herbst auf allen Flüssen lagen, und das Einnehmen von Tausenden Stück Torf hat sehr nachgelassen, weil der Torf längs der Wasserstraßen und Haupteisenbahnlinien durch die mitteldeutschen Braunkohlenbriketts verdrängt ist. Alle Versuche, den Torf durch Verkokung, durch Komprimierung usw. konkurrenzfähig zu halten, sind mehr oder minder gescheitert. Auch Ammoniak hat man vereinzelt aus ihm hergestellt (Ahlbecksee).

Von den anderen Naturrohmaterialien seien noch folgende erwähnt. Aus der unten im Torf vorkommenden Seekreide hat man früher eifrig gebrannten Kalk hergestellt, ebenso aus der Rügener Kreide, indem man beide Produkte schlämmte und zu Ziegeln formte, bevor sie in den Ofen kamen.

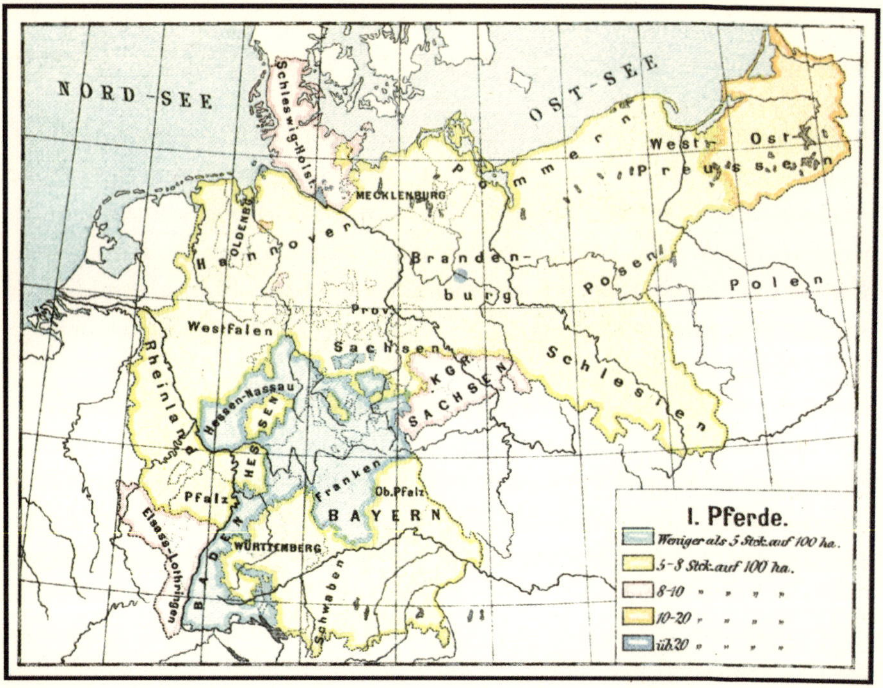
NORD-SEE
OST-SEE
Schleswig-Holst.
MECKLENBURG
Pommern
West-
Ost-
Preussen
OLDENBG.
Hannover
Brandenburg
Posen
Polen
Westfalen
Prov.
Sachsen
Schlesien
Rheinland
Hessen-Nassau
HESSEN
KGR. SACHSEN
Pfalz
Franken
Ob. Pfalz
BAYERN
Elsass-Lothringen
WÜRTTEMBERG
BADEN
Schwaben
I. Pferde.
Weniger als 5 Stck. auf 100 ha.
5–8 Stck. auf 100 ha.
8–10 „ „ „ „
10–20 „ „ „ „
üb. 20 „ „ „ „

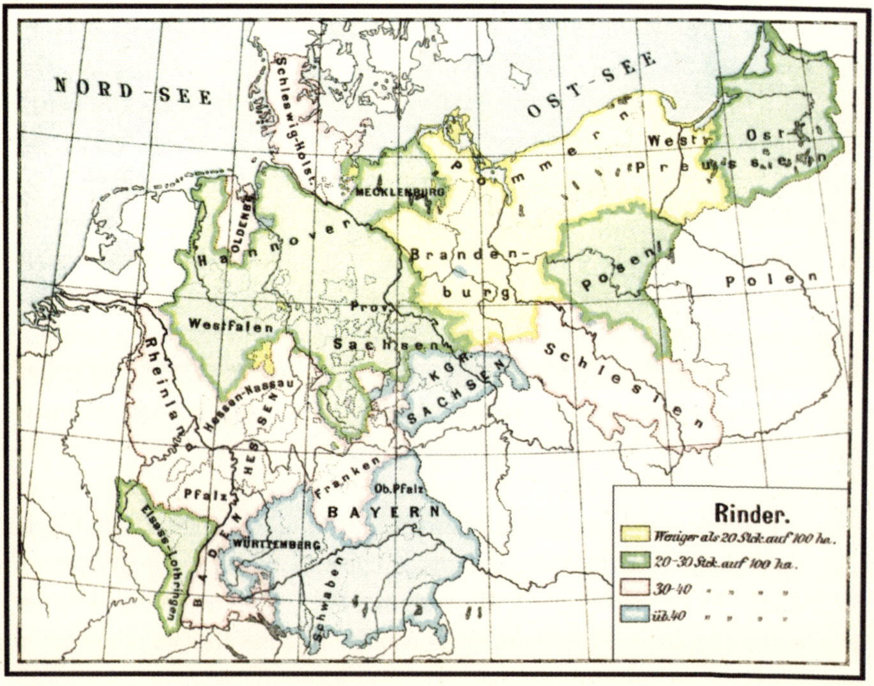
NORD-SEE
OST-SEE
Schleswig-Holst.
MECKLENBURG
Pommern
West-
Ost-
Preussen
OLDENBG.
Hannover
Brandenburg
Posen
Polen
Westfalen
Prov.
Sachsen
Schlesien
Rheinland
Hessen-Nassau
HESSEN
KGR. SACHSEN
Pfalz
Franken
Ob. Pfalz
BAYERN
Elsass-Lothringen
WÜRTTEMBERG
BADEN
Schwaben
Rinder.
Weniger als 20 Stck. auf 100 ha.
20–30 Stck. auf 100 ha.
30–40 „ „ „ „
üb. 40 „ „ „ „

An einigen Seen und Mooren Hinterpommerns ist mit verbesserten Methoden diese Industrie wieder aufgelebt. Bei Jatznick in Vorpommern wird die Seekreide gebaggert und mit Ton zu Zement verarbeitet. Zement wird in größtem Maße in drei Fabriken der Stettiner Gegend (Finkenwalde, Bredow, Züllchow) hergestellt, nur dass dort Stettiner, Rügener und Wolliner Kreide verbraucht wird.

Kalköfen sind natürlich bei den Kalkschollen von Bartin, Zarnglaff und Fritzow teils noch vorhanden, teils vorhanden gewesen. Aber als Mauer- und Düngerkalk beherrscht das Land eigentlich der Rüdersdorfer oder an der Küste der schwedische Kalkstein.

Eingegangen sind die pommerschen Eisengruben, die das Raseneisenerz gewannen. Die Torgelower Eisenindustrie bedient sich jetzt nur noch fremden Roheisens. Aber im Mittelalter oder sogar in noch weiter zurückliegenden Zeiten muss das Raseneisenerz viele lokale Eisenschmelzen erhalten haben, da man in vielen sumpfigen Gegenden auf Eisenschlackenhaufen stößt.

Durch die mitteldeutsche Konkurrenz ist erdrückt die Salzgewinnung aus den Solen von Kolberg und Greifswald, die an beiden Orten sicher uralt war, aber nur in Kolberg zu einer wirklichen, die Stadt belebenden Blüte gelangte. Dagegen hat sich die Ziegelindustrie an geeigneten Stellen sehr entwickelt.

Die Diluviallehme der Oberfläche oder einzelne Bändertone haben überall Ziegeleien veranlasst; dicht besetzt ist mit solchen der Westrand des Odertales bei Stettin, wo der gleichmäßige Septarienton nebst seinem Sand zutage tritt. Bändertone verarbeiten die Uckermünder, Ducherower und Pollnower Ziegeleien. Die günstige Lage von Uckermünde am Wasser gestattet es, mit Ziegeln und Drainröhren die ganzen pommerschen Inseln bis nach Wittow auf Rügen, sowie die Binnenküsten zu versorgen.

Die Bautätigkeit in Stettin, das Anwachsen der vielen Badeorte am Strand, die fortschreitende Dränage der Güter haben auf diese Industrie ungemein belebend eingewirkt, bis schließlich der Konkurrenzkampf die

Preise drückte und ebenfalls zur Ringbildung und zur Verwendung billiger ausländischer Arbeiter zwang.

In dem letzten Jahrzehnt hat sich die Kalksandsteinziegelei etwas in Pommern eingebürgert; bei billiger Kalkanfuhr wäre in den sandigen Strichen leicht ein guter und nicht zu teurer Baustein zu erzielen. Schließlich werden in den hinterpommerschen Moränenwällen seit Heranführung der Bahnen Steinschlägereien und Schotterwerke betrieben, die umso mehr lohnen, als mit der Zeit das verfügbare Geschiebematerial in vielen Gebieten aufgebraucht ist und zwar derart, dass nun die alten Dorf- und Gutszäune aus Findlingen abgetragen, die in Wasserlöchern als lästig versenkten Blöcke wieder ausgegraben und verkauft werden.

Viele Jahre fischte man mit großen Zangen die Steine vom Meeresgrund, bis dieses „Zangen“ verboten werden musste, weil die Ufer durch die nun ungeschwächte Brandung zu leiden begannen.

Nächst der Land- und Forstwirtschaft ist die Fischerei hervorzuheben.

Noch vor 30 Jahren war der Fischfang die Hauptnahrungsquelle der Küstenbewohner, und zwar stand obenan der Heringsfang. Greifswald, Stralsund und Wolgast hatten schon zur Hansazeit als wendische Städte ihre Pökel- und Räucherhütten bei Falsterbo in Schonen.

Leider ist der Hering sehr viel weniger reichlich geworden, manches Jahr beinahe ausgeblieben, dafür vereinzelt so massenhaft erschienen, dass der Überfluss als Dung auf die Felder gefahren werden musste. Der Hering zieht zur Laichzeit längs des Ufers und wird dann durch quer zum Strom gestellte Netze in viereckige Reusen hineingelenkt. Die Flunder, Hornhechte und Barsche werden durch „Zeesen“ gefangen, d. h. von Segelbooten werden Netze auf den Boden entlanggeschleift.

Durch dies Zeesen, das mit zu engen Netzen geschah, das alle Tanggründe und damit die Laichplätze vernichtete, ist der Ertrag der Fänge immer mehr zurückgegangen. Der Aal wird im Winter, wenn er im Schlamm ruhig liegt, vom Eis aus mit Aalspeeren gestochen. Hering, Flunder und Aale geben die Räucherwaren und Konserven, die, soweit die Fänge reichen, an vielen Orten der Küste die Fischwarenindustrie ausmachen. Doch musste wiederholt fremde, aus dem Kattegatt oder noch weiterhereingeführte Ware die einheimische vertreten. Störe und Lachse bringt man durch schwimmende Netze und mit größeren Segelbooten ein.

Die Süßwasserfische haben in den vielen Landseen in neuerer Zeit rationelle Zucht gefunden und als Karpfen, Schleie, Barsche und Zander recht gute Einnahmen abgeworfen, die sich übrigens im Interesse des Landes noch erheblich steigern lassen. Der größte Teil aller in Pommern gefangenen Fische geht landeinwärts, sodass an der See selbst die gute Ware teurer bezahlt werden muss, als z. B. in Berlin, und die Fische eigentlich aufgehört haben, eine wirkliche Volksnahrung zu sein, wie es Flunder und Heringe einst waren. Aber von der Bedeutung des Fischfanges gibt die Statistik Kunde, die den Ertrag allein im Stettiner Haff auf 2,5 Millionen Kilogramm im Wert von 1½ Millionen Mark ermittelte, darunter z. B. 400.000 kg Aal = ½ Million Mark.

Der Handel der Provinz hat im Allgemeinen zugenommen, aber sich immer mehr in Stettin konzentriert.

Städte wie Stralsund, Greifswald, Wolgast, Kolberg sind in den Hintergrund getreten, weil große Schiffe dort nicht einlaufen können. Dazu kommt, dass die Eisenbahnen das Hinterland so erschlossen haben, dass es nicht mehr unbedingt auf die kleinen Hafenstädte als Markt- und Absatzorte angewiesen ist.

Stettin besitzt aber durch seine zentrale Lage am Ende des Oderstroms eine besonders günstige Stellung, die noch durch Vertiefung der Swine und Anlage der Kaiserfahrt (1880) verbessert worden ist.

Nun werden die Kanalisierung der Oder und der Großschifffahrtskanal nach Berlin es zu einem Hafen ersten Ranges erheben. Einen Freihafen, der bisher nur mäßig benutzt worden ist, hat Stettin schon seit 1899. Eingeführt werden dort hauptsächlich Kohlen, Eisenerze, Weine, Häute, Kolonialwaren, Ölkuchen, Leinsamen, Petroleum; ausgeführt Getreide,

6 östl. L. v. Greenw.
NORD SEE
Helgoland
Amsterdam
Haag
Antwerpen
Brüssel
Lüttich
Groningen
Emden
Leer
Papenbg.
Wilhelmshaven
Brake
Oldenburg
OLDENBURG
Bremen
Stade
Altona
Ottensen
Hamburg
Harburg
Lüneburg
Uelzen
Itzehoe
Rendsbg.
Kiel
Neumünster
Friedrichsort
Hadersl.
Apenr.
Flensbg.
Schleswig
Prov. Schleswig-Holstein
Lübeck
Wismar
Schwerin
MECKLENBURG-S
Plau
Wittstoc
Salzwedel
Stendal
Rathenow
Prov. Hannover
Nienburg
Hannover
Meppen
Quak.
Nordhorn
Bentheim
Osnabrück
Ibbenb.
Bückeburg
Minden
Herf.
Bielefeld
Hameln
Braunschweig
Hildesheim
Helmst.
Magdeburg
Münster
Detmold
Höxter
Fürstenbg.
Uslar
Harzbg.
Halberst.
Osterr.
Braunl.
Zorge
Nordhausen
Sondershsn.
Sömerda
Weimar
Apolda
Erfurt
Gotha
Suhl
Ohrdr.
Rudolstadt
Sonnebg.
Haltern
Duisbg.
Essen
Dortmund
Iserlohn
Arnsbg.
Krefeld
Düsseldorf
Elberfeld-Barmen
Lennep
Sol.
Köln
Olpe
Siegen
Arolsen
Kassel
Aachen
Rheinland
Kall
Schleiden
Neuw.
Koblenz
Malmedy
Prüm
Wetzlar
Giessen
Marbg.
Hersf.
Fulda
Meiningen
Hildburgh.
Koburg
Prov. Hessen-Nassau
Frankfurt
Wiesbaden
Mainz
Offenb.
Aschaffenbg.
Darmst.
Würzburg
Bamberg
Baireuth
Schweinfurt
Unter Franken
Ober-Franken
Mosel
Trier
Birkenf.
Kreuznach
Worms
Metlach
Kaisersl.
Mannheim
Weinh.
Pfalz
Saarbr.
Saargd.
Metz
Heidelberg
Speier
Bruchs.
Karlsruhe
Pforzh.
Heilbronn
Hall
Kitzing.
Fürth
Nürnberg
Ansbach
Amberg
Mittel-Franken
Ober-Pfalz
Hagenau
Zabern
Strassburg
Elsass-Lothringen
Nancy
Lahr
Stuttgart
Göpp.
Aalen
Nördl.
Donauwörth
WÜRTTEMBERG
Tüb.
Reutl.
Ulm
Heching.
Augsburg
Schwaben
München
Rosenh.
Miesb.
Kempten
Friedrh.
Isny
Konstanz
Sigmar.
Donauesch.
Waldk.
Freibg.
Kolmar
Mülhausen
Kandern
Basel
Reims
Dijon
Besançon
Maas
Waal
Rhein
Elbe
Weser
Donau
Aar
Inn
4
6
8
10
12
48
50
52
54

Jndustriekarte
von
DEUTSCHLAND
Wollenindustrie
Seidenindustrie
Papier u. Pappeindust.
Leinenindustrie
Baumwollenindust.
Glas, Porzellan, Thonwaren
Zuckerfabr.
Eisenindustrie
Maschinenbau
Lokomotivenbau
Schiffsbau
Lederfabr.
Kautschukindustrie
Chemikalien u. Farb.
Brennereien
S E E
Memel
Tilsit
Königsberg
Pregel
Insterbg.
Danzig
Elbing
Dirschau
Stolp
Köslin
Kolberg
Swinemünde
Greifenberg
Neustettin
Ratzebuhr
Stettin
Stargard
Prenzlau
Pommern
Prov. Westpreussen
Prov. Ostpreussen
Graudenz
Weichsel
Thorn
Bromberg
Brandenburg
Landsberg
Küstrin
Warthe
Berlin
Frankfurt
Prov. Posen
Posen
Gnesen
Warschau
Schwiebus
Kalisch
Guben
Grünbg.
Neusalz
Glogau
Rawitsch
Spree
Kottbus
Sagan
Spremberg
Oder
Liegnitz
Breslau
Brieg
Bunzl.
Görlitz
Lauban
Bautzen
Zittau
Hirschbg.
Waldenbg.
Landesh.
Oppeln
Neisse
Schlesien
Königshütte
Gleiwitz
Ratibor
Krakau
Glatz
Mittelwalde
Prag
Elbe
Moldau
Obernzell
Donau
Wien
14
16
18
20
22
54
52
50
48

Mehl, Kartoffeln, Holz, Zement- und Schamottewaren, Zucker, Spiritus und Maschinen. Die Kohlen kommen aus England, die Weine aus Frankreich, Getreide und Mehl gehen nach Skandinavien und England, ebenso Zucker und Spiritus.

Infolge des großen Handels liegen in und um Stettin die zahlreichsten Fabriken in Pommern, z. B. Zuckersiedereien, Spiritusdestillationen, Zementfabriken, Chemische (Schwefelsäure- und Phosphat) Fabriken, ein Eisenhüttenwerk, das schwedische, russische, spanische und algerische Erze verarbeitet, Holzstofffabriken, Werke für feuerfeste Steine und mehrere Fischräuchereien. Stettin ist unzweifelhaft der bedeutendste deutsche Ostseehafen und hat, von der preußischen Regierung seit Friedrich dem Großen beständig unterstützt, das Erbe von Lübeck angetreten.

Außerdem ist es ausgezeichnet durch die lebhafte Schiffsbauindustrie, die in den „Oderwerken" und besonders im „Vulkan" ihren Ausdruck findet.

Chemische Fabriken sind auch in Wolgast vorhanden. Stettin, Wolgast und Greifswald besitzen eine blühende Steinindustrie, da dort roh behauene schwedische Granite und Diabase eingeführt, geschnitten und poliert werden. Dieser pommersche Industriezweig hat die mittel- und süddeutschen Steinschleifereien erheblich geschädigt und manchen Steinbruch im Odenwald und Fichtelgebirge totgelegt.

Wolgast liefert sogar in erheblichen Mengen nach Amerika. Lokale Industrien sind ferner die Eisenschmieden und -gießereien von Torgelow und die Tischlereien von Lassan.

Der Handel und Wandel gelangte durch Verbesserung und Ausdehnung der Schifffahrt, der Bahnen und Landstraßen erst zu seiner heutigen Blüte.

Das Boot dürfte in Pommern das älteste und wichtigste Verkehrsmittel gewesen sein, da ja die breiten Täler, das Haff und die Bodden tief in das Land eingreifen und die Landwege durch Moor und Urwald sicher recht schwierig waren.

Im Winter konnte man auf dem Eis mittels Schlitten rasch vorwärts kommen. Julin war ein Seeräubernest und eine Handelsstadt, die sogar ein arabischer Kaufmann besucht hat; die Juliner und die Ranen haben mit ihren Flotten oft genug die dänischen Ostseeländer gebrandschatzt. Dann gehörten Stralsund, Greifswald, Wolgast, Stettin, Kolberg der Hansa an und nahmen an deren Erfolgen und Kriegen teil.

Heute ist die ganze Küste mit Leuchttürmen und Rettungsstationen besetzt. Von Leuchtfeuern sind die wichtigsten: Dornbusch auf Hiddensee, Arkona, Oie, Swinemünde, Funkenhagen, Horst, Jershöft, Scholpin; Rettungsstationen sind vom Darß bis Leba an jedem irgendwie gefährlichen Küstenpunkte angelegt und mit Rettungsbooten und Raketenapparaten ausgestattet.

Die Einfahrten bieten meistens erhebliche Schwierigkeiten, ebenso die Fahrt in den schmalen Sunden und flachen Bodden, weshalb eine sorgfältige, von Lotsen und Hafenbeamten stets beaufsichtigte Betonnung durch Tonnen, Bojen, Glockenbojen durchgeführt werden musste.

Nach Stralsund, Greifswald, Kolberg und Stolpmünde muss die Fahrrinne in Zwischenräumen durch Bagger vertieft werden, ebenso erfordern die Einfahrt in die Swine, die Kaiserfahrt und die Rinne in Haffs und Oder Aushub des immer wieder eingeschwemmten Sandes und Schlicks, deren Beseitigung durch Bagger den Hafenämtern und Strombauverwaltungen obliegt. Dass sich die Kaianlagen der Hafenstädte durch feste, im moorigen Gelände oft sehr schwer herstellbare Bollwerke mit Ladekränen und Eisenbahnlinien vervollkommnet haben, ist eigentlich selbstverständlich.

Seit der Besuch der Rügenschen Bäder so gewaltig gestiegen ist, sind auch dort (Binz, Göhren), ebenso wie in Heringsdorf und Misdroy, lange auf eingerammten Pfählen errichtete Landungsbrücken mit großen Kosten gebaut worden, weil das Ausbooten wiederholt Menschenleben gefordert hatte.

Leider sind die pommerschen Flüsse nicht schiffbar, nur auf der Ucker und auf der Peene, abgesehen von der Oder, ist eine Kahnschleppfahrt

Karte aus einem Post

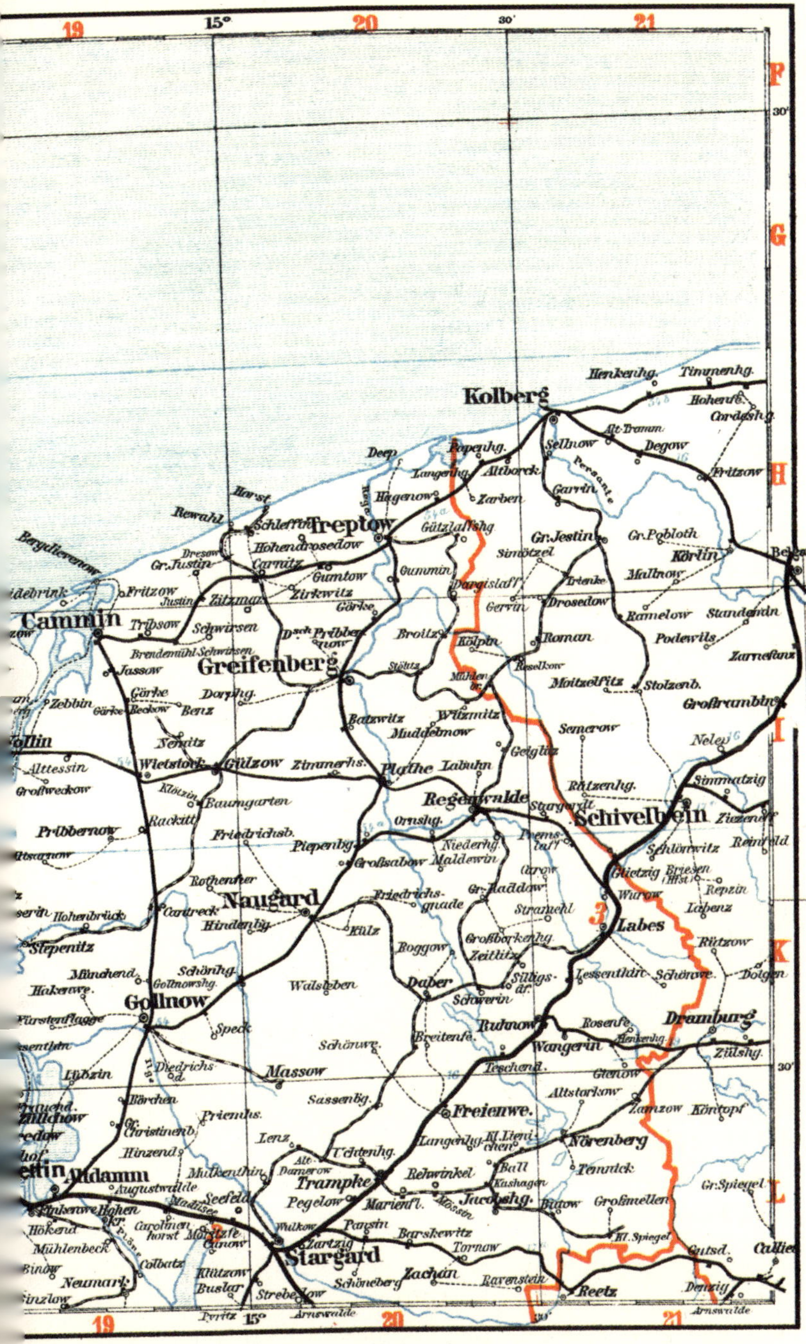

aschenatlas des Deutschen Reiches.

möglich, und allein auf der Peene können Flusskähne weit landeinwärts bis nach Malchin vordringen. Einige hinterpommersche Flüsse dienten zur Holzflößerei.

Verhältnismäßig spät hat Pommern sein staatliches Eisenbahnnetz ausgebaut; jetzt sind über 2.100 km Bahnlinie vorhanden (Hauptbahn 786, Nebenbahnen 1.289, Privatbahnen 82). Auf 1.000 qkm kommen 71,5, auf 100.000 Einwohner 126,1 km Betriebslänge.

Stettin ist ziemlich früh (1843) mit Berlin verbunden; in den sechziger Jahren wurde die Linie Angermünde-Pasewalk-Stralsund gebaut, dann Stettin-Köslin-Danzig, in den siebziger Jahren die Bahn Berlin-Neubrandenburg-Stralsund als Privatbahn, die bald verkrachte.

Erst die letzten 30 Jahre haben in Hinterpommern die vielen Nebenlinien nach Westpreußen, die Bahnen in das Innere der Provinz selbst und die Rügener Strecke entstehen sehen. Die letzte gestattete, den Endpunkt nach Sassnitz zu legen und von dort einen direkten Verkehr nach Schweden zu schaffen. Deshalb ist der Sassnitzer Hafen in den neunziger Jahren angelegt, wurde die Linie Berlin-Stralsund zweigleisig ausgebaut und sind neuerdings gewaltige Fährschiffe für den Strelasund und für die Strecke Sassnitz-Trelleborg eingestellt worden.

Seit Mitte der neunziger Jahre schlossen sich Städte und Kreise zusammen, um Schmalspurbahnen zu bauen (ca. 1.530 km Betriebslänge), die in erster Reihe den Gütern Abfuhr ihrer Erzeugnisse und Anfuhr von Materialien (Düngemittel, Kraftfutter usw.) ermöglichen sollten.

Diese Kleinbahnen haben sich wieder zu Verbänden (Provinzialverband von Pommern, Vereinigte Kleinbahnen der Kreise Köslin, Bublitz, Belgard usw.) zusammengeschlossen und das Land überall zugänglich gemacht, obwohl sie meistens wenig Rente abwerfen und für den Personenverkehr sehr ungünstig gelegte, wenige Züge fahren lassen. Jedoch sind viele Rügener und pommersche Seebäder erst dadurch leichter erreichbar geworden. Gering ist noch der Automobilverkehr, da nur 650 Autos gezählt sind.

Vor Anlage der Bahnen waren die Güter ausschließlich auf Wagen und auf die Landstraßen angewiesen.

Wir kennen eine Reihe uralter Wege, z. B. von Kolberg nach Polen, von Stralsund über Anklam und den Kawelpass nach Friedland, von Stralsund durch Mecklenburg nach Magdeburg. Das heutige Chausseenetz ist natürlich auch auf die Geländeverhältnisse, vor allem auf die Furten durch die breiten Flusstäler und Moorniederungen angewiesen und überschreitet die Rinnen auf alten, immer wieder aufgeschütteten Dämmen.

Diese Übergangsstellen waren z. B. in Altdamm, Löcknitz, Anklam, Greifswald befestigte Brückenköpfe. Das große Straßennetz (4.200 km) ist auch erst in der zweiten Hälfte des vorigen Jahrhunderts ausgebaut, zum Teil unter Einfluss der Eisenbahnen.

Bis in die 80er Jahre wurde Chausseegeld erhoben; jetzt laufen viele Kleinbahnen auf oder neben den Straßen her. Diese sind mit Bäumen (Rüstern, Birken, Vogelbeeren) eingefasst und haben neben dem festeren Damm meist einen losen, nicht beschotterten „Sommerweg". Die Beschotterung hat enorme Massen von Diluvialgeschieben verschlungen und macht jetzt dort, wo das Material sich zum Ende neigt, unerwartete Kosten, sodass schon Bornholmer und südschwedischer Granitabfall schiffsweise eingeführt wurde.

Allmählich ist auch das Telegraphen- und Telefonnetz über die ganze Provinz ausgespannt, und ein Kabel verbindet Arkona mit Südschweden.

Zwei Oberpostdirektionen haben in Stettin und Köslin ihren Sitz, die Eisenbahndirektion, der die pommerschen Hauptlinien unterstellt sind, in Stettin, während manche der Nebenbahnen zu den Direktionsbezirken Danzig und Bromberg gehören.

Stettin. Regierungsgebäude.

Behörden und Verwaltung

Die Provinz Pommern untersteht einem Oberpräsidenten, und zerfällt in drei Regierungsbezirke (Stralsund, Stettin, Köslin), die je einem Regierungspräsidenten unterstellt sind. Die drei Bezirke zerfallen in 32 Kreise, von denen 4 Stadtkreise sind, nämlich die vier Städte über 25.000 Einwohner.

Der Bezirk Stralsund als der kleinste hat nur fünf Kreise (Rügen, Stralsund, Franzburg, Greifswald, Grimmen); 14 besitzt der Bezirk Köslin (Schivelbein, Dramburg, Neustettin, Belgard, Kolberg, Körlin, Köslin, Bublitz, Schlawe, Rummelsburg, Stolp Stadt und Landkreis, Lauenburg und Bütow). Weitere 15 Kreise bilden den Bezirk Stettin (Demmin, Anklam, Usedom, Wollin, Uckermünde, Randow, Stettin, Greifenhagen, Pyritz, Stargard, Saatzig, Naugard, Cammin, Greifenberg, Regenwalde). An der Spitze des Kreises steht der Landrat, dessen Amtssitz, die namengebenden Orte sind, für Kreis Randow Stettin, für Usedom-Wollin Swinemünde.

Die lediglich repräsentierende Würde eines Statthalters von Pommern ist wiederholt einem Mitglied des königlichen Hauses zuerteilt worden. Neben dieser staatlichen Verwaltung steht wie in allen Provinzen Preußens die provinzielle.

An ihrer Spitze befindet sich ein Landeshauptmann, der von den auf dem Provinziallandtag versammelten Ständen gewählt wird und mit dem Provinzialausschuss die Geschäfte leitet. In gleicher Weise hat neben dem Oberpräsidenten die Provinz einen Provinzialrat, jeder Regierungsbezirk einen Bezirksausschuss und der Kreis seinen Kreistag.

Weitere allgemeine Behörden mit dem Sitz in Stettin sind die Versicherungsanstalt, die Landwirtschaftskammer, das Provinzialschulkollegium, das Konsistorium der evangelischen Landeskirche und das Medizinalkollegium. Die katholischen Kirchen des Landes unterstehen hauptsächlich dem Fürstbistum Breslau, die westpreußischen Grenzgebiete den Bischöfen von Kulm und von Gnesen-Posen.

Das Schulwesen ist sehr entwickelt worden, sodass fast jede der etwas größeren Städte eine höhere Schule hat, zu der freilich die Gemeinden vielfach erhebliche Zuschüsse zu leisten haben.

Es existieren 20 Gymnasien, 6 Realgymnasien, 1 Progymnasium, 2 Realprogymnasien, 5 Oberreal- oder Realschulen, sowie eine Universität in Greifswald (gegr. 1456). Das niedere Schulwesen umfasst ca. 2.600 Volksschulen, für welche die Lehrkräfte in 13 Präparandenanstalten und 8 Lehrerseminaren ausgebildet werden. Außerdem bestehen 5 höhere Mädchenschulen, 3 Taubstummen- und eine Blindenanstalt.

In der Provinzialhauptstadt hat auch das Oberlandesgericht seinen Sitz. Dieser Berufungsinstanz sind die fünf Landgerichte in Greifswald, Stettin, Stargard, Köslin, Stolp, sowie 59 Amtsgerichte unterstellt.

Militärisch gehört Pommern zum 2. Armeekorps, das heißt zur 3. und 4. Division mit Ausnahme des östlichen Hinterpommerns, das in den Bereich des 17. Armeekorps fällt.

Wir haben ferner eine Kriegsschule in Anklam, eine Kadettenanstalt in Köslin, sowie eine Unteroffizierschule und Vorschule in Treptow a. R. und Greifenberg.

Die Vertretung der Provinz im preußischen Abgeordnetenhaus erfolgt durch 26 Mitglieder, sodass auf je 62.000 Einwohner ein Abgeordneter kommt. Im Reichstag hat Pommern 14 Vertreter, also einen auf ca. 100.000. Im Vergleich zu anderen Teilen Deutschlands ist das außerordentlich viel, da z. B. auf Preußen mit 37 Millionen im ganzen 236 Reichstagsabgeordnete, also einer auf 150.000, im Reich einer auf 160.000 entfallen.

Spezieller Teil

In diesem speziellen Teil wollen wir eine Wanderung durch die Provinz Pommern antreten von Westen, mit Rügen beginnend, durch Neuvorpommern, die Lande von Pasewalk und Stettin, nach Hinterpommern bis zur westpreußischen Grenze[1]. Soweit es möglich ist, sollen dabei die einzelnen Landesteile nach ihrer natürlichen Zusammengehörigkeit besprochen werden. Diesem steht allerdings entgegen, dass mit Ausnahme der Oderlinie wirkliche Terrainabschnitte nur in geringem Maß vorhanden sind.

Die Insel Rügen[2] ist die größte aller deutschen Inseln und misst 967 qkm. Sie ist kein einheitliches Gebilde, sondern besteht aus mehreren, mit dem zentralen Kern nur durch schmale dünne Bogen verbundenen Halbinseln und aus einer Reihe von vorgelagerten selbständigen kleineren Inseln. Vom Festland wird sie getrennt durch den flussartig gestalteten Strelasund, einem alten Glazialtal in einer tektonischen Rinne. Das Zentrum von Rügen bildet der Ort Bergen mit dem Rugard, 90,6 m hoch. Diese mittlere Partie besteht aus einer im Allgemeinen ziemlich ebenen Fläche, die nur in der Gegend von Bergen und südlich davon eine Anzahl von Hügelreihen und Hügelgruppen unregelmäßiger Natur aufweist.

Stralsund gegenüber liegt der Ort Altefähr, wie sein Name sagt, eine schon aus früher Zeit her bekannte Überfahrtsstelle. Eine zweite Fähre ist im Südosten von Rügen zur allmählich durch Anschwemmung angegliederten Insel, jetzt Halbinsel Zudar hin.

Auf dem Festland liegt dort **Stahlbrode**, welcher Name dasselbe bedeutet wie Altefähr. Von beiden Überfahrtsstellen führen jetzt fahrbare Wege, längs des von Altefähr herkommenden auch die Eisenbahn nach Bergen. Diese Stadt (4.000 Einwohner) ist eine Niederlassung, die sich am Fuß des Rugard aus dem Dorf entwickelt hat, das von einem Burgwall beherrscht wurde. Die Kirche ist ein altes Bauwerk, an dessen Wand ein Bild des heidnischen Götzen Swantewit eingemauert ist.

1) Pommern in Wort und Bild. Herausgeg. v. Pestalozziverein. Stettin 1904.
2) R. Credner, Rügen, eine Inselstudie. Forsch. z. deutsch. Land- und Volkskunde. Bd. 7, S. 5. Stuttgart 1893. -W. Deecke, Geolog. Führer durch Pommern. Berlin 1898.

Bergen ist insofern noch jetzt das Zentrum der Insel, als von dort aus eine Bahn nach Putbus und dann weiter in den südlichen Teil von Rügen zur Granitz und nach Mönchgut führt, eine andere über die Lietzower Fähre nach Jasmund mit Sassnitz, eine dritte nach Norden über Trent nach Wittow.

Die ganze Landschaft ist Großgrundbesitz und ein außerordentlich getreidereiches Gebiet. Südlich von Bergen haben wir den Ort **Putbus**, die Residenz des Fürsten von Putbus, Erblandmarschalls im Fürstentum Rügen und der Lande Barth, mit einem schönen Park und weiter Aussicht von der hochgelegenen Stadt auf den Greifswalder Bodden und auf die vorgelagerte, mit Wald bedeckte, bei den Malern ihrer Bäume wegen berühmte Insel Vilm.

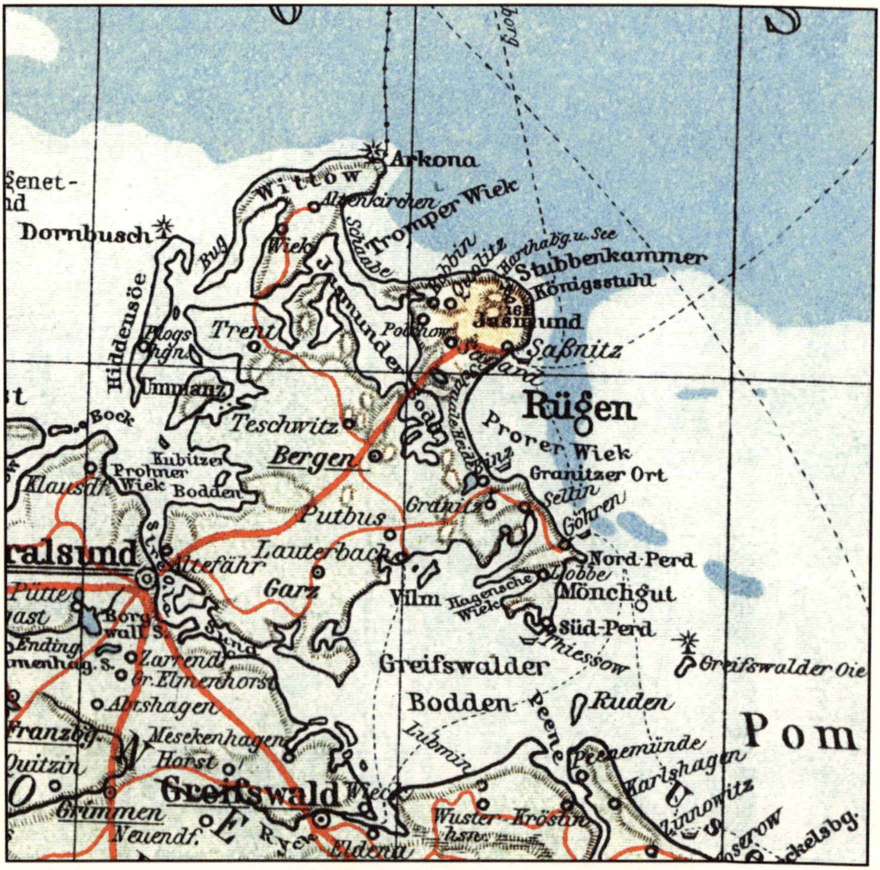

Etwas abseits liegt heutigen Tages der kleine Ort **Garz**, früher Carenza, eine ursprünglich wichtige slawische Niederlassung, deren Burgwall heute noch erhalten ist.

Die Westseite des zentralen Rügens wird tief eingeschnitten von dem Kubitzer Bodden. Seine Umgebung ist ein niedriges, kaum 5 m hohes Schwemmland, welches von Altefähr bis nach Trent reicht. Land und Meer haben verschiedene Ausdehnung, je nach dem Stand des Windes, und ausgedehnte Rohrpläne halten den Sand und Schlick, der von der See hereingeschwemmt wird, fest und bewirken auf diese Weise eine allmähliche Verlandung der flachen Schar. Zu diesem Gebiet gehört die vorgelagerte Insel **Ummanz**.

Dem zentralen Teil sind nun vorgelagert im Westen Hiddensee, im Norden Wittow mit Bug und Schaabe, im Nordosten Jasmund, im Osten die Granitz mit dem südlich anhängenden Mönchgut. Hiddensee ist heutigen Tages noch eine Insel, Wittow und Jasmund sowie einzelne Teile von Mönchgut waren es, bis die Dünen eine Verbindung dieser einzelnen Teile hervorriefen.

Hiddensee besteht aus einem kleinen nördlichen Inselkern, an dessen beiden Enden sich je eine lange Sandschar ansetzt, im Osten Altbessin, im Westen die eigentliche Insel Hiddensee, 14 km lang und stellenweise kaum ½ km breit, daher wiederholt bei Sturmfluten zerrissen und beständiger Abspülung ausgesetzt (50 m Breite in 30 Jahren fortgerissen).

Der nördliche Inselkern, der Dornbusch, geht durch Abspülung und Abrutschung langsam, aber unaufhaltsam zugrunde, bietet jedoch landschaftlich durch seine eigentümliche Lage, seine Höhe von 70 m, seine steilen Hänge und seine kuppige Oberfläche eigenartige Bilder.

Das Meer ist bestrebt, die Altbessiner Schar mit dem Bug zu verbinden und damit Hiddensee anzugliedern an Wittow. Dieses ist eine dreieckig gestaltete weite Tafel von Geschiebemergel, baumlos und ganz im Großgrundbesitz.

Rügen. Arndtturm auf dem Rugard.

Von den Forsten des Liedes, das **Arkona** preist, ist gar keine Rede mehr. Die alte Wendenburg an dem Nordostzipfel auf der Kreideklippe von Arkona ist heute noch deutlich zu erkennen. Unter ihr bricht mit steilen Wänden die Kreide zum Meer ab, und wegen der weit vorgeschobenen Lage ist Arkona heute noch eine wichtige Leuchtturm und Flottensignalstation. Im alten Deutschen Bund war es der nördlichste Punkt.

Ganz anderen Charakter trägt **Jasmund**. Dieses kompakte, stumpf dreieckige Inselland ist in seinem östlichen Teil bis zu 162 m hoch und dacht sich gegen Westen hin ab. Dadurch entsteht eine Art Becken, in welchem der ursprüngliche Hauptort der Gegend Sagard liegt. Östlich von Sagard haben wir zahlreiche, in zwei Bogen gescharte Hügelreihen, die sich an der Ostspitze bei Stubbenkammer vereinigen.

Hohe Buchenwälder bedecken diese Hügel und schaffen damit den berühmten Forst der Stubnitz. Im Untergrund von Jasmund steht Kreide an, die sich auch überall in den Spitzen der Hügel und außerdem längs des ganzen Steilufers der Nordost- und Ostküste bemerkbar macht. Das blaue Meer, die weißen, im Sonnenlicht blendend hellen Kreidefelsen, der schöne grüne Laubwald der Höhen sind ja weltberühmt.

An dem südöstlichen Ende der Kreideküsten liegt **Sassnitz** in geschützter Lage, vor wenigen Jahrzehnten noch ein einsames Fischerdorf, jetzt einer der wichtigsten Badeorte Rügens und ein Hafen, der den Verkehr mit Schweden vermittelt (1.800 Einwohner).

Die dichte Besiedelung von Jasmund schon zu früher Zeit ergibt sich aus den zahlreichen Kegelgräbern, den Burgwällen (Herthaburg) und aus Tausenden von Feuersteinwerkzeugen.

Ein paar Hügelgruppen im Süden reichen bis dicht an das Zentrum der Insel heran und ermöglichen dadurch einen Übergang bei der Lietzower Fähre.

Denn Wittow, Jasmund und die im Süden anstoßende Schmale Heide sind von dem zentralen Rügen durch eine ganze Reihe von Bodden

Rügen. Sassnitz. Fährschiffe im Hafen.

getrennt, die von Hiddensee an bis an die Prorer Wiek heranreichen. Die wichtigsten sind der Große und der Kleine Jasmunder Bodden, in denen mehrere Inseln (Pulitz, Thiessow, Prora) lagen, die erst allmählich landfest wurden.

Einen ähnlichen Charakter wie Jasmund trägt die Granitz, deren Hauptort **Binz** am Schmachter See zu einem sehr bedeutenden Badeort aufgeblüht ist. Die Granitz ist fürstliche Domäne und Jagdrevier der Herren von Putbus, die dort auf dem höchsten Punkt (92 m) ein Jagdschloss erbaut haben; von dessen Turm genießt man eine herrliche Rundsicht über das südliche Rügen und das wunderbare Ineinandergreifen von Meer und Land, das sich besonders in dem allersüdlichsten Abschnitt, in Mönchgut, ausprägt. Mönchgut hat als Besitz des Eldenaer Klosters seinen Namen erhalten und bestand ursprünglich aus einer ganz langgestreckten Insel, dem Bergrücken von Göhren, aus der kleinen Scholle von Lobbe, aus Groß- und Klein-Zicker und aus dem südlichstem Inselkern von Thiessow.

Dünen und postglaziale Anschwemmungen haben diese höheren Partien

Rügen. Königsstuhl bei Sonnenaufgang.

miteinander verbunden und durch die Baaber Heide an die Granitz angeschlossen. Wiederholt ist die Sturmflut an schmalen Stellen hindurchgebrochen in die Hagensche Wiek südlich des Göhrener Rückens und in den Zickersee zwischen den beiden gleichnamigen Inseln (Groß und Klein-Zicker).

Die Abspülungen des Göhrener Höwtes (Nordpehrd) werden aus dem weit in die See hineinragenden Steinriff ersichtlich, und ähnlich ist es im Süden bei Thiessow am Südpehrd. Göhren, Thiessow, Lobbe sind jetzt alles besuchte Badeorte; bis Göhren geht die von Putbus über Binz und Sellin laufende Kleinbahn.

Weit draußen vor Rügen liegt die **Greifswalder Oie**, eine kleine Insel von 15 m Höhe und ¾ Wegstunden Umfang. Sie trägt einen Leuchtturm, weil sie die Einfahrt nach Peenemünde und Swinemünde bezeichnet, und ist der obere Rest einer größeren Untiefe, die sich jetzt als ein Steinriff auf dem Meeresgrund fortzieht.

Zwischen dem südlichen Rügen und dem Festland liegt der Greifswalder Bodden, ein unter die See hinabgezogenes Diluvialgebiet mit zahlreichen, unregelmäßigen Löchern und einer Menge von Untiefen (Groß-Stubber, Böttchergrund, Schuhmachergrund[1]).

Der Sage nach soll er noch im Jahr 1000 geschlossen gewesen sein, indem Rügen über die Insel Ruden bis zum Festland reichte. Gewaltige Stürme und Hochfluten hätten diese Verbindung zerrissen und die beiden Öffnungen des Landtiefs und des Ostertiefs geschaffen, durch welche der Bodden jetzt mit der übrigen Ostsee in Verbindung steht. Das Landtief zwischen Rügen und Ruden ist noch derart flach, dass größere Dampfer nur in einem künstlich gebahnten Tief den Ausgang finden. Der Dünenrest, der Ruden heißt, geht der Zerstörung entgegen und erscheint heute als niedrige, nur von Lootsen bewohnte Sandinsel.

[1] E. Bornhöft, Der Greifswalder Bodden.
II. Jahresber. d. Geograph.-Gesellsch. Greifswald 1885.

Ähnlich wie Rügen ist dem Festland vorgelagert die Gruppe der Halbinsel **Darß und Zingst**. Sie ist durch Barther, Saaler, Bodstedter Bodden von Neuvorpommern getrennt und eine ganz flache, kaum 10 m über die See ansteigende Landstrecke, die sich ausschließlich aus Sanden, Dünenwällen und Schlick zusammensetzt.

Der **Darß** ist durch eine Dünenkette, die in sich einige Inselkerne aus Geschiebemergel (Ahrenshoop) aufgenommen hat, mit dem mecklenburgischen Festland verbunden. Ohne diese Dünen wären Darß und Zingst wirkliche Inseln. Sie sind auch keineswegs immer miteinander verbunden gewesen, sondern bei dem Hauptort **Prerow** hat das Meer wiederholt Kolke gerissen, welche diese beiden Teile voneinander geschieden haben. Der Darß ist ein königlicher Forst von außerordentlich einförmiger Gestalt, da er sich aus lauter hintereinanderliegenden von West bis Ost laufenden Dünenwällen zusammensetzt. Er endet mit dem Darßer Ort (Leuchtfeuer), wo noch ein beständiger Zuwachs durch angeschwemmte Sandmassen erfolgt.

Der **Zingst** ist eine feuchte, eingedeichte Sandfläche mit wenig Ackerland und viel Wiesen (Sundische Wische). Sie geht ohne Grenze über in die meist unter dem Meeresspiegel liegenden Sandmassen des Bock, die sich vor den Strelasund schieben und bei niedrigem Wasser trocken, bei Hochwasser unsichtbar sind. Nach innen hin erfolgt eine bedeutende Verlandung sowohl am Darß wie auch auf Zingst. Neuerdings sollen diese Badeorte durch eine Bahn mit dem Festland verbunden werden.

Ein gewissermaßen selbständiges Gebiet in Vorpommern stellt Neuvorpommern dar, und zwar deswegen, weil es durch ein breites Talsystem von den übrigen Teilen der Provinz abgeschnitten ist. Es ist das große Mecklenburgische Grenztal, das von Ribnitz über Sülze und Tribsees nach Demmin zieht und den Wassern der Recknitz nach Norden, der Trebel nach Süden Ablauf gewährt. Die Fortsetzung dieses Tales bezeichnet der Peenefluss von Demmin bis Anklam und dann der Peenestrom von Anklam bis Wolgast und zum Ruden. Dieser letzte, bald bodden-, bald fundartig gestaltete Auslauf des Haffs scheidet Neuvorpommern von Usedom.

Das so begrenzte und nach Norden durch den Greifswalder Bodden und den Strelasund von Rügen getrennte Land umfasst den Regierungsbezirk Stralsund. Es ist eine im Großen und Ganzen gleichmäßige niedrige Hochfläche, auf welcher im Wesentlichen Geschiebemergel und obere Diluvialsande den Boden bilden. Hier und da erhebt sich das Land zu einzelnen, aber nicht scharf heraustretenden größeren Höhen, so südlich von Greifswald bis zu 50 m.

Es wird gegliedert durch ein zweites Talsystem, das der oberen Trebel, welches von Tribsees nach Grimmen zieht und in dem Ryck bis Greifswald seine Fortsetzung findet. Der nördliche Abschnitt ist im Großen und Ganzen niedriger, reicher an feuchten Stellen, an Mooren und an Seen, und so haben wir die einzigen größeren Seen Vorpommerns in der Gegend von Stralsund. Sie sind Reste weiter, entsumpfter Moorflächen, die bis in die Gegend von Belgast und Richtenberg gereicht haben. Das Land ist mit wenigen Ausnahmen stark entwaldet, obwohl einzelne größere Forste noch vorhanden sind (Abtshagen, östlich von Richtenberg).

Dafür ist es in eine hohe landwirtschaftliche Kultur genommen, die aber nur in geringem Maße von Bauern, meist von Großgrundbesitzern oder Pächtern durchgeführt wird. Die Städte Greifswald, Stralsund, die Universität in Greifswald, das Domanium haben gerade in diesem Gebiet sehr ausgedehnte Güterkomplexe in Besitz.

Neuvorpommern war bis 1815 schwedisch, ist also noch nicht 100 Jahre bei Preußen und war von Süden her nur durch wenige Pässe zugänglich, die bei Anklam, Gützkow, Loitz, Demmin und Tribsees lagen.

Der größte Ort **Stralsund** (31.000 Einwohner) hat seinen Namen von der Meerenge (Strelasund), an der es auf einem etwa 12 m hohen Doppelhügel von dreieckiger Gestalt erbaut ist. Als slawische Feste uralt, hat es seine Form, Befestigung, seine Straßen und seinen Charakter durch die niederdeutschen Kolonisten im 13. Jahrhundert erhalten.

Stralsund. Alter Markt mit Rathaus und Artushof.

Mehrere stattliche Backsteinkirchen (Marien-, Jakobi-, Nikolaikirche), das in gotischem Stil erneuerte Rathaus und viele Giebelbauten erinnern noch an die Bedeutung der alten Hansastadt, die neben Lübeck und Danzig eine der bedeutendsten an der Ostseeküste war.

An den Mauern Stralsunds fand 1628 der Siegeslauf Wallensteins ein Ende. Seit 1648 gehörte es zu Schweden und hatte in dessen Kriegen mit dem Großen Kurfürsten und im Nordischen Krieg viel durch Belagerungen zu leiden.

1809 ging dort Schill mit den Resten seiner Freischar zugrunde. Dann

Stralsund. Semlower Tor.

ward Stralsund mit der vorgelagerten befestigten Insel Dänholm die erste preußische Flottenstation.

Seit 1872 sind die Festungswälle niedergerissen und an ihre Stelle die ganze innere Stadt umziehende Promenaden mit schönen Bäumen getreten. Der Stralsunder Handel ist leider geringer geworden und deshalb die Stadt nur langsam gewachsen. Auch der Verkehr nach Rügen und Schweden ist im Wesentlichen Durchgangsverkehr. Im Rathaus befindet sich eine prächtige Sammlung rügensch-vorpommerscher Altertümer, aus der neben den Steinwerkzeugen die goldenen Schalen und der Hiddenseer Goldschmuck hier erwähnt seien.

Der zweitgrößte Ort ist **Greifswald** (23.000 Einwohner), auch eine alte Hansa- und zugleich eine Museenstadt, die im Jahr 1248 zuerst als Wohnplatz genannt wird und wahrscheinlich von dem Kloster Eldena gegründet ist. Sie liegt auf einem Hügel in geschützter Lage zwischen Moorbrüchen, hat drei parallele Längsstraßen und zahlreiche Querstraßen, wie alle diese niedersächsischen Ortschaften. Aus der Blütezeit der Hansa sind außer den Kirchen noch einige alte Häuser am Markt übriggeblieben; doch hat der Dreißigjährige Krieg sehr mit diesen Erinnerungen größerer Blüte aufgeräumt.

Die Universität ist durch den Bürgermeister Rubenow im Jahr 1456 gegründet worden, hat beim Tod des letzten pommerschen Fürsten Bogislaw XIV. die Klostergüter von Eldena als Geschenk erhalten und besitzt damit ein bedeutendes eigenes Vermögen.Sie hat im letzten Jahrzehnt 800-1.000 Studenten gezählt und ist durch modern eingerichtete Institute seit 20 Jahren ausgebaut worden.

Greifswald liegt am Ryck, einer schiffbaren Ausstülpung des Boddens, die in eine breite Moorfurche eingreift. In diesem Moor dringen dem Hafen gegenüber die einst wichtigen Salzquellen empor.

Am Ausgang des Ryck stehen die Ortschaften **Eldena** und **Wieck** einander gegenüber, Wieck ein Fischerdorf und viel besuchter Ausflugsort, Eldena mit alter prächtiger Klosterruine und landwirtschaftlicher Schule.

Stralsund. Kniepertor.

Das Zisterzienserkloster Hilda wurde von dänischen Mönchen um 1200 gegründet und ist 1638 zerstört, aber es hat einst den größten Einfluss auf die Kultivierung der Gebiete um den Greifswalder Bodden besessen.

Zwischen Greifswald und Stralsund liegt im Innern des Landes Richtenberg und gegenüber der erst in neuerer Zeit gegründete Ort **Franzburg**; **Richtenberg,** eine alte slawische Niederlassung mit Solquellen, Franzburg, die Gründung eines pommerschen Fürsten und zugleich die einzige Neugründung in den letzten Jahrhunderten. Beides sind Ackerstädtchen mit je 2-3.000 Einwohnern, in Franzburg ist ein Lehrerseminar.

Wichtiger ist **Barth**, an dem gleichnamigen Bodden gelegen und eine Zeitlang Sitz eines Zweiges des pommerschen Herzogsgeschlechtes. Barth hat eine alte Kirche, eine noch jetzt lebhafte Fischerei und Holzhandel, sowie eine größere Anzahl von Fabriken und Schiffswerften und ist in einem langsamen, aber ständigen Aufblühen begriffen, sodass es jetzt schon 7.500 Einwohner besitzt.

An dem großen Grenztal haben wir den Ort **Tribsees** mit einer Unteroffizier-Vorschule, dann vor allen Dingen **Demmin** (12.000 Einwohner), einen uralten Ort, dessen hohe Bedeutung auch daraus hervorgeht, dass Otto von Bamberg auf seinen Bekehrungsreisen ihm einen längeren Besuch abstattete.

Die Stadt ist unmittelbar aus dem slawischen Ort und der Burg hervorgegangen und nimmt die Oberfläche eines trockenen niedrigen Hügels ein, der sich aus dem breiten Moortal an der Vereinigungsstelle von Peene, Tollense und Trebel erhebt. Der schiffbare Peenefluss gestattet einen gewissen Handel.

Fabriken landwirtschaftlicher Maschinen, Brauereien, Zuckersiedereien und lebhafter Vertrieb von Korn und anderen landwirtschaftlichen Produkten verleihen der Stadt ein gewisses reges Leben. Auch ist sie Garnison eines Ulanenregiments.

Die Hochflächen südlich von Greifswald dachen sich gegen den Peenefluss

Demmin. Wilhelmplatz und Kriegerdenkmal.

ab. Ihr Zentrum ist **Gützkow**, ebenfalls einst Residenz pommerscher-Herrzöge, jetzt eine kleine Stadt mit alter Kirche. Am Peenestrom haben wir **Lassan**, ein langgestrecktes Städtchen mit 2.000 Einwohnern und einer regen Tischlerindustrie.

Eine gewisse Selbständigkeit nimmt das Land ein, welches nördlich der Linie Greifswald-Wolgast liegt. Die Fortsetzung des Rycktals ist nämlich eigentlich das Ziesetal, welches sich vom Ende der dänischen Wiek landeinwärts und dann umbiegend südlich gen Wolgast erstreckt. Der durch diese breite Moorfurche abgeschnittene Landesteil heißt Wustrow, was wasserumflossen bedeuten soll, stellt auch eine etwas höhere isolierte Scholle dar mit zahlreichen Gütern und gipfelt in der 48 m hochgelegenen Kirche von Wusterhusen. An seinem Nordrand haben wir am Greifswalder Bodden das aufblühende **Seebad Lubmin**, am Ostrand den Fischereihafen von **Köslin** und im südlichen Zipfel die Stadt Wolgast.

Wolgast ist ebenfalls eine alte Niederlassung und einst Residenz pommerscher Herzöge gewesen. Die Stadt besitzt heute noch eine mächtige Kirche, die weithin als Landmarke dient, während das Schloss zerstört ist, und wurde seit dem Dreißigjährigen Krieg eine der wichtigsten Hafenstädte an der Ostsee durch den Verkehr mit Schweden. Das Landstädtchen hat in neuerer Zeit dadurch an Bedeutung gewonnen, dass sich verschiedene Industriezweige dort niedergelassen haben, neben chemischer Industrie vor allem Steinschleifereien, die schwedisches Material verarbeiten. Wolgast hat über 8.000 Einwohner.

Das eigentliche Vorpommern südlich des Peenesflusses und westlich der unteren Oder können wir gliedern in drei verschiedene Teile, nämlich einmal die hügelig-wellige Fläche zwischen Peene, Tollense und Landgraben, zweitens das Haffgebiet in der Gegend von Uckermünde, die sogenannte Uckermünder Heide, und drittens die Hochflächen zwischen Ucker und Oder.

Der erste Abschnitt, welcher südlich des Peenebogens von Demmin-Loitz und östlich vom Kummerower See gelegen ist, wird von einer ganzen Menge mehr oder minder ausgeprägter Talfurchen, die alle vermoort sind, durchschnitten. Parallel mit der Furche Malchiner-Kummerower

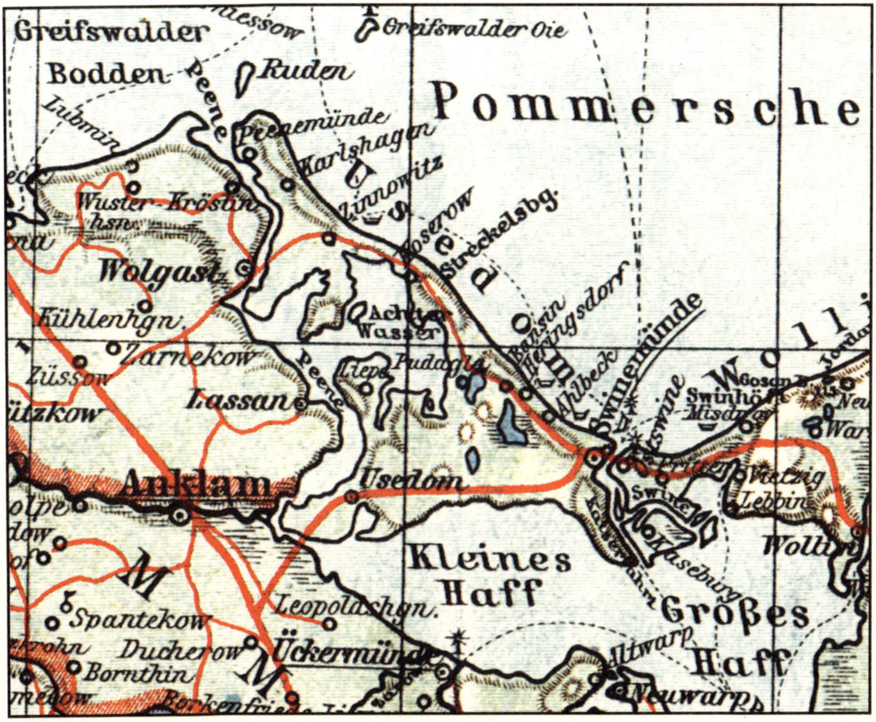

See läuft auf Demmin zu von Ivenack her der Augraben. Parallel mit dem unteren Peenesfluss zieht sich der Landgraben und das untere Tollensetal gegen dieselbe Stadt hin, und zwischen der letzten Furche und dem Peeneflusse haben wir noch eine Menge von parallelen Rinnen, von welchen die bedeutendste der Kuckucksgraben ist. Auch über die Strecke Demmin-Loitz nach Nordwesten setzt sich diese Rinnenbildung fort bis in die Gegend von Tribsees und ist aufzufassen als ein System von Wasseradern, die unter dem Eis oder, nachdem das Eis den Boden verlassen hatte, vom Haff her die Wasser gegen die Belte leiteten.

In dem Areal zwischen Demmin und Treptow an der Tollense kommen an vielen Stellen ältere Schichten zutage. Wir haben die Salzquellen von Golchen und Seltz, Kreidegruben und zahlreiche tertiäre Ziegeltone bei Treptow. Das alles bezeichnet im Zusammenhang mit dem Vorkommen bei Straßburg in der Uckermark eine Zone hochgelegenen Untergrundes, was auch darin zum Ausdruck gelangt, dass in der Treptower Gegend bei Altenhagen das Gelände bis 100 m über Meer ansteigt.

Als besondere Merkwürdigkeiten seien erwähnt, die verschiedenen langgestreckten Wallrücken (Äsar) aus dem Gebiet des Augrabens bei Gnevekow und Gatschow und am Rand des Kummerower Sees bei Meesiger.

Das Land selbst ist ein recht fruchtbarer, guter Weizen- und Roggenboden, weil zum großen Teil der Geschiebemergel die Oberfläche bildet, ist aber in all den vielen Rinnen erst durch gründliche Entwässerung ertragreich gemacht worden. Auch dieses Gebiet ist mit Ausnahme der Strecke zwischen Treptow und dem Kummerower See im Wesentlichen in den Händen von Großgrundbesitzern.

Wald fehlt nicht ganz und gar, ist aber südlich der Peene doch nur auf geringe Parzellen beschränkt worden. Am größten sind noch der Spantekower Forst und der Golchenforst, die einheitliche Waldreviere darstellen.

Der bedeutendste Ort dieses Abschnittes ist **Anklam**, am Südufer der Peene gelegen und zugleich der wichtigste Brückenkopf für die Verbindung der nördlichen und südlichen Landesteile. Anklam ist eine Stadt von 15.000 Einwohnern mit alten Kirchen und einer Reihe von Häusern und Toren, welche die Blüte der Stadt im Mittelalter andeuten.

Heute hat Anklam eine Zuckerfabrik und eine Kriegsschule, außerdem einen immerhin noch ziemlich lebhaften Handel, der dadurch erzeugt wird, dass die Peene bis zum Malchiner See für Flusskähne und kleine Dampfer schiffbar ist, Anklam also die Eintrittspforte für ein nicht unbedeutendes Hinterland darstellt.

Südlich von Anklam steht auf der Hochfläche ein isolierter Turm (Hohenstein), der als Wachtturm gegen die Einfälle der Herren von Schwerin gedient haben soll; denn das Land südlich von Anklam ist früher in den Händen dieses Geschlechts gewesen und ist es zum Teil noch. Westlich von Anklam deutet der Name Stolpe noch das alte berühmte Kloster an, welches vom pommerschen Herzog Ratibor angelegt worden ist und das für die Erschließung dieser Gegend große Bedeutung besaß.

Längs des Landgrabens, der gegen die Mecklenburger immer eine Art Grenze bildete, liegen eine Anzahl von Schlössern älterer und neuerer Natur, von denen sich noch manche alte Reste bewahrt haben, so das Schloss Spantekow, der Turm von Golchen und die in neuerer Zeit wieder aufgebaute, aber nicht vollendete Burg Landskron.

Das Land südlich von Demmin, soweit es zu Pommern gehört, findet seinen Mittelpunkt in **Treptow** an der Tollense, einer alten slawischen Niederlassung, deren Umriss noch deutlich den Burgwall verrät, mit einer ebenfalls mächtigen alten Kirche. In den Anlagen dieser Stadt liegt ein großer Findling, der jetzt Bismarckstein genannt worden ist.

Das Haffgebiet zwischen Anklam-Pasewalk und dem Stettiner Haff bei Jasenitz ist ein außerordentlich einförmiges, niedriges, flaches Gelände[1]. Es besteht im Wesentlichen aus Sandmassen der alten diluvialen Haff-

[1] H. Seelheim, Die Uckermünder Heide. XII. Jahresber. d. Geograph. Gesellsch. Greifswald 1911.

terrassen, auf denen sich in großer Verbreitung eine feine Tondecke abgelagert hat, und ist teils sumpfig, weil die Wasser nicht genügenden Abfluss haben, teils unfruchtbar, weil es aus losem Sand besteht. Diese Landstriche sind erst im vorigen Jahrhundert definitiv urbar gemacht worden. Vorher haben sich Friedrich Wilhelm I. und Friedrich der Große mit der Erschließung des Landes befasst. Die Zarow, die untere Ucker und die Randow sind die drei Wasseradern, welche diese Zone zum Haff hin durchschneiden und auf deren Kanalisation die Erschließung beruht.

Westlich von Uckermünde greift bis gegen Friedland hin dieses Moorgebiet weit vor und ist auch jetzt zum Teil noch unbesiedelt und unterliegt Meliorationen durch Moorkultur. Die tiefsten Stellen sind mehrere Seen, von denen der Galenbecker See der bedeutendste ist.

Andere, wie der Ahlbecker See bei Uckermünde, sind trockengelegt worden. Ohne scharfe Grenze geht dieses Schwemmland in das Kleine Haff über, durch zahlreiche Rohrpläne sich langsam vergrößernd.

Die Hauptfläche besteht aus Forsten: Anklamer Stadtforst, Jädkemühler, Torgelower, Neuenkruger, Neuwarper Forst, im Großen und Ganzen alles Nadelwald und zwar Kiefern, welche Brenn- und Grubenhölzer in großen Massen liefern. Zwischen diesen Forsten liegen zahlreiche Brüche und Moore, die, soweit es möglich ist, als Weiden dienen.

Größere Ortschaften fehlen ganz und gar. Eine Menge von Kolonistendörfern sind im Laufe der Zeiten angelegt und haben sich auch im Allgemeinen erhalten.

Schon die Namen Neuendorf, Neuwarp, Neuenkrug deuten auf junge Besiedelung. Dass es an alten Niederlassungen nicht ganz gefehlt hat, beweisen Orte wie Uckermünde und Altwarp und Löcknitz. Uckermünde hat, wie der Name sagt, seine Bedeutung darin, dass der Uckerfluss dort in das Haff fällt, und zwar ist derselbe früher für Kähne wohl von Prenzlau her schiffbar gewesen und wird auch jetzt noch bis Pasewalk für kleinere Fahrten nutzbar gemacht.

Uckermünde hat heute in seiner Nachbarschaft eine gewaltige Ziegelindustrie und eine Provinzialirrenanstalt. Oberhalb liegt an der Ucker der Ort **Torgelow**, ein interessanter Punkt deswegen, weil sich hier in früheren Zeiten eine einheimische Eisenindustrie entwickelte, die heute noch besteht in zahlreichen Gießereien und Schmieden, aber ihr Rohmaterial von außen bezieht.

Am Rand der Hochfläche gegen diese Niederungsgebiete steht **Pasewalk**, ein alter Zankapfel der pommerschen und brandenburgischen Herzöge. Mit seiner hochgelegenen Kirche beherrscht es weithin die Gegend. Reste alter Stadtmauern und mächtiger Stadttürme deuten seine kriegerische Vergangenheit an. Es ist als Eisenbahnknotenpunkt der Lübeck-Stettiner und der Berlin-Stralsunder Linie ein nicht unwichtiges Handelszentrum, da sich das ganze vorpommersche Hinterland und noch ein Teil der Uckermark mit seinen Waren dorthin entleert. Es ist Garnison des Kürassierregiments Königin.

Eine ähnliche Stellung hat **Löcknitz**, am Nordende des eigentümlichen Randowtales, das eine scharfe Furche in das südliche vorpommersche Plateau einschneidet und sich dann trichterförmig in die Niederungsfläche verbreitert. Löcknitz war alter befestigter Brückenkopf und ist heute noch ein lebhaftes Ackerbaustädtchen. Schiffbar ist die Randow nicht mehr, was umso mehr zu bedauern ist, als wir gerade nördlich von Löcknitz wieder ausgedehnte Forsten haben. Das vorpommersche Plateau zwischen Oder und Ucker besteht aus Geschiebemergel und gehört mit zu den fruchtbarsten Teilen des Landes, leidet freilich ein wenig unter den geringen Niederschlägen, hat dafür aber einen verhältnismäßig warmen Boden. Deshalb ist es eines der wichtigsten Zuckerrübengebiete der Provinz und ist jedenfalls von Urzeiten her besiedelt gewesen. Längs der Randow in der Gegend von Penkun stehen zahlreiche Burgwälle, die als alte Grenzfesten gedeutet worden sind. An größeren Ortschaften fehlt es fast ganz, das Land ist im Wesentlichen Großgrundbesitz.

Scharf und steil bricht diese Hochfläche östlich gegen das untere Odertal ab, und so erhalten wir von dem südlichen Grenzort Gartz bis nach Stettin hin einen Steilrand, der außerordentlich zerrissen ist, von tiefen

Furchen durchnagt wird und von dem Talboden aus gesehen einen oft malerischen Anblick gewährt. Es beruht das darauf, dass an der Basis dieser Wand die Quellen und Grundwasser herauskommen, die weichen Gesteine, Geschiebemergel und Septarientone, durchfeuchten, zum Abrutschen bringen und damit Schluchten erzeugen, die immer weiter in das Land hineingreifen.

Auf dem Rand dieser Fläche ist auch Stettin erbaut, und nördlich dieser Stadt setzt sich das Hügelland noch bis in die Gegend von Pölitz fort, wo es bei Jasenitz und Ziegenort den Sandterrassen Platz macht.

Stettin, die Hauptstadt der Provinz und Sitz, aller provinzialen Behörden, ist ursprünglich auf dem Hang der linken Oderterrasse und auf dem vorgelagerten Schwemmland um das herzogliche Schloss herum entstanden. Die tieferen Teile, besonders die jenseits der Oder gelegenen (Lastadie) sind auf Pfahlrosten erbaut. Die Straßen steigen vom Hafen und der Oder bergan bis auf die Diluvialhochfläche, an deren Rand früher die jetzt niedergelegten Festungswerke standen. Stettin ist wiederholt Belagerungen ausgesetzt gewesen, da es ja der Schlüssel zum Odergebiet ist.

Von alten Gebäuden hat es wenig mehr; dafür entwickelt sich jetzt die Stadt gegen Westen und Norden hin in vielversprechender Weise, indem die Festungsgelände zu breiten Straßen und Anlagen umgestaltet wurden. Die **Vororte Bredow, Grabow, Nemitz** sind eingemeindet, und oderabwärts ziehen sich die Ortschaften fast ununterbrochen bis Frauendorf am Fluss entlang.

Von dem Handel, den zahlreichen Fabriken, den Schiffsbauwerften (Vulkan, Oderwerke) ist wiederholt die Rede gewesen. Stettin hat einen Freihafen und wird durch den geplanten Großschifffahrtsweg nach Berlin zur größten Handelsstadt der Ostsee emporsteigen.

Das untere Odertal, welches von Gartz an zu Pommern gehört, ist ein mehrere Kilometer bis über eine Meile breites Schwemmland, an beiden Seiten eingefasst von hochaufragenden Wänden.

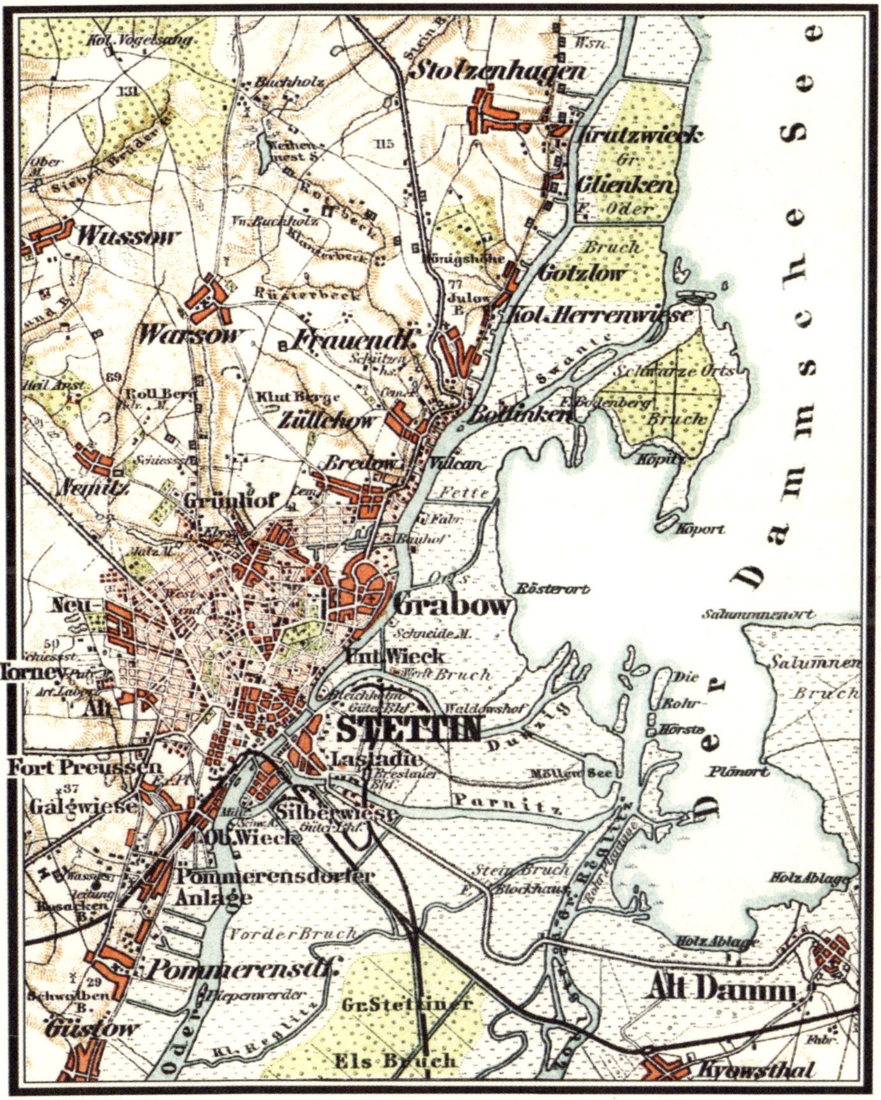

Kol. Vogelsang
Buchholz
Stolzenhagen
Krutzwieck
Gr.
Glienken
Oder
Bruch
Wussow
Gotzlow
Kol. Herrenwiese
Warsow
Frauendf.
Schwarze Orts
Bodenberg
Bruch
Bollinken
Züllchow
Bredow
Vulcan
Nemitz
Grünhof
Fette
Köport
Bauhof
Grabow
Neu-
Rösterort
Torney
Unt. Wieck
Bruch
Salumnen
Bruch
Alt
STETTIN
Die
Rohr-
Hörste
Lastadie
Dunzig
Fort Preussen
Möllen See
Plönort
Galgwiese
Silberwiese
Parnitz
Ob. Wieck
Pommerensdorfer
Anlage
Blockhaus
Holz Ablage
Vorder Bruch
Pommerensdf.
Alt Damm
Gr. Stettiner
Els Bruch
Güstow
Oder
Kl. Reglitz
Kronsthal
Der Dammsche See

Stettin. Rathaus.

Bei Gartz teilt sich die Oder in zwei große Arme, von denen der östliche Reglitz heißt, die aber durch zahlreiche Wasser miteinander verbunden sind. Zwischen ihnen liegt ein Wiesenland sumpfiger Natur, als Weide benutzt, gelegentlich mit einzelnen Waldparzellen, die hauptsächlich aus wasserliebenden Bäumen, aus Weiden, Erlen sowie Eschen, bestehen und sehr wildreich sind.

Bei Hochflut wird das ganze niedere Schwemmland unter Wasser gesetzt, sodass das Odertal dann einem breiten Flusstalsee gleicht. Es ist allmählich aufgehöht worden und wächst bei jeder Flut, wie die zahlreichen dünnen Schlickabsätze in den Wiesen zeigen.

Bei Stettin mündet die Reglitz mit einer Reihe von Armen der Oder in den noch unausgefüllten Teil dieses Tales, in den Dammschen See und hat sich in diesem ein durch Röhricht ausgedehntes Delta gebaut, das noch beständig vergrößert wird.

Über dieses Schwemmland führen bei Stettin Straßen und Eisenbahnen hinüber nach Osten. Ursprünglich war nur eine Straße vorhanden nach Altdamm, die mit mehrfachen Knicken und auf zahlreichen Brücken dieses Oderland überschritt und einen der wichtigsten Pässe Pommerns darstellte.

Stettin. Dampfschiffsbollwerk.

Stettin. Stadttheater.

Stettin. Blick von der Hakenterrasse.

Stettin. Hakenterrasse.

Jetzt haben zahlreiche Eisenbahndämme das Gebiet durchzogen, haben aber lange Zeit gebraucht, ehe sie auf dem sumpfigen Boden wirklich feststanden.

Der Dammsche See ist auf der Ostseite von niederem Land umgeben, verschmälert sich in der Gegend von Pölitz, wo die Oder einmündet, zu dem sogenannten Dammanschen Strom, dann erweitert sich das Tal und geht mit trichterförmiger Mündung (Papenwasser) in das Stettiner Haff über. Dieses Haff liegt hinter Usedom und Wollin und wird durch einen Vorsprung von Usedom bei Caseburg und durch einen entsprechenden bei Altwarp vom Festland her in zwei Teile geteilt, in das Große und das Kleine Haff. Seine Ausflüsse sind bekanntlich Peene, Swine, Dievenow, von denen eigentlich nur die Swine eine allgemeine Bedeutung hat; deshalb ist das Fahrwasser von der Oder bis zu der Kaiserfahrt bei Caseburg durch zahlreiche Baken, kleine Leuchtfeuer usw. gekennzeichnet, und zahlreiche Bagger liegen neben dem Strom, um das beständig eingeschwemmte Material aus der tieferen Rinne zu entfernen.

Usedom und Wollin bilden einen Winkel miteinander, dessen tiefste Stelle den Auslauf der Swine bei Swinemünde bezeichnet. Sie stehen in einem ziemlich scharfen Gegensatz zueinander, weil Wollin eine annähernd einheitliche, Usedom eine vielfach zerrissene Landmasse darstellt. Gerade bei Usedom kann man prachtvoll die Entstehung einer größeren Insel aus zahlreichen kleinen mittels Sandanschwemmung verfolgen.

Diese Sand- und Dünenmassen sind nur am Außenstrand zusammenhängend, hinter sich lassen sie weite Teile unausgefüllt. So entsteht das Achterwasser mit all seinen Nebenbuchten, das tief in Usedom eingreift und diese Insel eigentlich in zwei Teile zerlegt. Der nördliche Teil reicht von der Mündung des Peenestromes bei Peenemünde, einer einst wichtigen, daher verschanzten Einfahrtsstelle, bis in die Gegend von Coserow und besteht aus einer Anzahl von niederen Hügelrücken, die von Torfmooren durchbrochen werden und an welche sich der Sand der Peenemünder und Karlshagener Forsten verbindend angelegt hat.

Stettin. Hafen.

Kleine selbständige Inseln waren Glienberg und Gnitz bei Zinnowitz, jetzt ebenfalls verlandet. **Karlshagen und Zinnowitz** sind aufblühende Badeorte, vor allem das letztere wird außerordentlich viel von Familien mit Kindern besucht.

An der schmalsten Stelle bei Coserow haben die wiederholten Durchbrüche stattgefunden. Dann beginnt die Hauptmasse der Insel mit den sandigen Höhen des Streckelsberges und schließt sich zu einer größeren, allerdings von vielen Seen (Schmollensee, Gotensee) unterbrochenen Scholle zusammen. Diese umfasst das Achterwasser von Süden, sendet in letztes die eigentümliche Halbinsel von Liepe hinein und erstreckt sich dann bis zur Mündung der Peene in der Nähe von Anklam. Dort überschreitet auch die Bahn die stromartige Meeresenge und läuft über Usedom nach Swinemünde.

Der nördliche Teil der Insel hatte bisher keine Bahnverbindung, doch wird jetzt eine solche längs des Außenstrandes gebaut, welche von Swinemünde über Heringsdorf nach Zinnowitz und Wolgast reichen soll.

In der Südwestecke der Insel liegt **Usedom**, die namengebende Stadt, eine alte slawische Niederlassung (Uznam) mit alter Kirche, ebenfalls von Otto von Bamberg auf seiner Missionsreise besucht.

Die Seen im östlichen Teil von Usedom sind eigentlich abflusslos und haben erst durch den Sackkanal einen künstlichen Ablauf bekommen durch Pumpwerke, wodurch weite fruchtbare Wiesenflächen gewonnen wurden.

Am Außenstrand liegen die bekannten **Seebäder Ahlbeck, Heringsdorf, Bansin,** von denen Heringsdorf das größte ist und jährlich mehrere Tausend Kurgäste aufweist.

Alle diese Usedomschen Seebäder haben die Annehmlichkeit eines glatten schönen Sandstrandes bei mäßigem, gelegentlich kräftigerem Wellenschlag.

Swinemünde. Kurhaus.

Swinemünde. Westmoole.

Der größte Ort auf Usedom ist **Swinemünde**, ein Städtchen, das sich erst seit den Arbeiten, die Friedrich der Große zur Vertiefung der Swine vornahm, wirklich aufgemacht hat. Jetzt ist es Vorhafen von Stettin und ein befestigter Küstenplatz mit nicht unbedeutendem Handel und eigener Reederei. Swinemünde steht auf Schwemmland oder auf Dünensand, und erst in einer gewissen Entfernung erheben sich der Golm (60 m) und die Kalkberge, welche aus Geschiebemergel sich zusammensetzen. Swinemünde gehört zu der Zone von Dünensand, die zwischen Usedom und Wollin in jungdiluvialer oder alluvialer Zeit in das Haff hineingeführt worden ist.

Es ist das flache Land von Caseburg und Pritter, ein Innendelta, das sich Oder und das einströmende Meer im Laufe der Zeiten gebaut haben. Dieses niedrige Schwemmland reicht über die Swine bis in die Gegend von Misdroy, wo es längs einer Furche, des sogenannten Torfkanals, absetzt, sodass recht unvermittelt längs einer Bruchlinie die Geschiebemergelhöhen von Vietzig, Lebbin und Misdroy darüber aufsteigen.

Die **Insel Wollin** hat ihre höchste Höhe an der Westseite, wo sie sich zu 150 m im Gosanberg erhebt. Von da senkt sie sich nach Osten zur Dievenow. Die Dievenow, die bei der Stadt Wollin das Haff verlässt, besitzt ebenso wie die Peene anfangs einen stromartigen Charakter, um sich dann in dem Camminer Bodden zu einer größeren Wasserfläche zu erweitern und mit verschiedenen moorigen Senken oder Seen auch in den Ostrand der Insel einzugreifen, wobei indessen manche Buchten im Laufe der Zeit der Verlandung anheimfielen.

Der Auslauf in die See ist von Dünensand sehr behindert und muss von Zeit zu Zeit künstlich hergestellt werden. Die Insel Wollin ist ein Hügelland, mit mehr oder minder unregelmäßig gestalteten Höhen. Sie bricht steil gegen die See ab und hat auf der Hochfläche eine Anzahl abflussloser Vertiefungen, z. B. den Warnowsee; einzelne Seen liegen dicht am Strand und bieten daher landschaftliche Schönheiten (Jordansee, ähnlich wie Herthasee auf Jasmund). Die Hochflächen sind bewaldet, erst gegen Wollin hin treten Ackerfelder an ihre Stelle, und die niedrigen östlichen Teile sind Weiden und Wiesen.

Die **Stadt Wollin** ist ja wohl die älteste bekannte Niederlassung in Pommern. Von dem alten Seeräubernest mit all dem Glanz der Sage ist wenig mehr übriggeblieben. Es ist ein Landstädtchen, das durch Tore und zwei Kirchen an die vergangenen Zeiten erinnert. Zahlreiche Funde slawischer Gefäße sind in dem benachbarten Silberberg gemacht worden, und die Stadtgräben haben eine große Ausbeute an allen möglichen weggeworfenen Dingen geliefert.

Das Land östlich vom Dammschen See und Stettiner Haff ist bis etwa in die Gegend der Rega ein außerordentlich ebenes, flaches, nur von einzelnen Hügeln durchzogenes Gebiet. Direkt östlich und nordöstlich von Stettin kann man es als eine weite Sandebene bezeichnen, die, sehr wenig fruchtbar, zum großen Teil mit weiten Kiefernwäldern bestanden ist.

Das sind die Stargarder und Gollnower Forste, die sich nördlich bis nach Kantreck hinaufziehen. Es ist der alte Boden des diluvialen Stausees, zu dem außer dem Stettiner Haff noch die Gegend von Uckermünde gehörte, die ja einen ganz ähnlichen Charakter trägt.

Ostseebad Berg-Dievenow. Im Familienbad.

Ostseebad Misdroy. Kaiser Friedrich-Brücke.

Ostseebad Deep bei Nacht.

Besser wird der Boden erst in der Gegend des Völser Baches, sobald sich in der Höhe von Wollin einzelne Hügel einstellen, bei Dobberfuhl, Wusterwitz, Bresow, die bis nach **Cammin** reichen.

Dieser Ort (6.000 Einwohner) liegt auf einer Höhe, die einen weiten Ausblick über den benachbarten Bodden gestattet. Es ist der erste Bischofssitz Pommerns und birgt daher eine altberühmte Kirche.

Der Camminer Dom, gegründet um 1175, ist freilich restauriert, gibt aber immerhin eine Vorstellung von der Bedeutung, welche er jahrhundertelang für die ganze Provinz besaß. Cammin hat eine Solquelle, die gelegentlich bei einer Bohrung auf Kohle gefunden wurde, und zu Bädern benutzt wird, ein Gymnasium und ein Lehrerseminar.

Buchheide. Försterei Fliederbruch.
Gemeinde Binow bei Greifenhagen.

Fruchtbares Wiesenland ist der allmählich entsumpfte Landstrich am Ostrand des Haffs. Ortschaften von Bedeutung fehlen, **Gollnow** kann als der Markt für das in den Haffwiesen aufgezogene Vieh gelten, wie es auch im Holzhandel der Heidelandschaft eine gewisse Rolle spielt.

Südöstlich von Stettin haben wir ein ebenfalls ziemlich flaches Areal, in welchem sich zwei große Seen, der Madüe- und der Plönesee, befinden und sich durch die Plöne nach Altdamm zum Haff entwässern.

Dieses Gebiet heißt nach dem Hauptort Pyritz und nach seiner Fruchtbarkeit der Pyritzer Weizacker. Die Bewohner desselben zeichnen sich durch eine eigentümliche bunte Tracht aus, die in mancher Richtung an niedersächsische Kostüme erinnert.

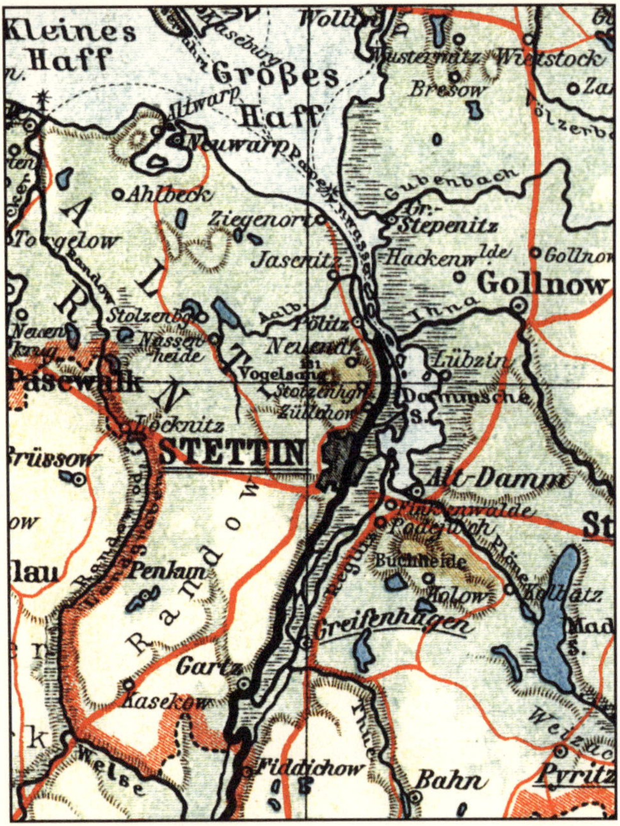

Pyritz selbst (ca. 9.000 Einwohner) ist ein Städtchen mit trefflich erhaltenen Ziegelmauern und Türmen, mit zwei großen gotischen Kirchen und war ebenfalls ein uralter slawischer Sitz, der schon vor der Christianisierung die Verbindung von Polen mit Vorpommern urkundlich vermittelte. In der Nähe ist der Ottobrunnen, angeblich die Stelle, wo der Bamberger Bischof die erste große Taufe vornahm.

Vom Weizacker aus erhebt sich gegen Westen das Gelände langsam und liefert eine ganze Reihe von isolierten Höhen, welche sich von Königsberg in der Neumark bis nach Finkenwalde gegenüber Stettin längs der Oder hinziehen. Das ist das Hochland von Bahn, welches von der Thue durchschnitten wird und mit zu den fruchtbarsten Gebieten gehört.

An seinem Ostrand liegt Kolbatz, berühmt durch ein altes Kloster, das die Kolonisation dieser Gegend vermittelte. Stettin gerade gegenüber erhebt sich das hügelige Waldland der Buchheide, welches in Gelände und Vegetation an Jasmund erinnert und viele schöne Spaziergänge und Ausblicke bietet.

Der bedeutendste Ort dieses an Oder und Haff sich anschließenden Landes ist **Stargard** (27.000 Einwohner) an der Ihna, wie der Name sagt, eine „alte Burg". Diese wurde abgelöst durch die 1234 erfolgte Gründung einer Stadt, welche bald lübisches Recht erhielt und der Hansa beitrat.

Alte Stadtmauern mit massigen Türmen (Rotes Meer, Eisturm), mit Toren und mit Mühlanlagen im Schutz der Ringmauern stammen aus dieser Glanzzeit. Ein mächtiges Bauwerk ist die alles überragende Marienkirche, und neben dieser steht das Rathaus mit einem aus dem 16. Jahrhundert herrührenden mit Arabesken verzierten hohen Giebel.

Stargard wurde in der zweiten Hälfte des Dreißigjährigen Krieges fast ganz niedergebrannt und hat sich nur langsam von dem schweren Schlag erholt. Es blieb noch lange Festung, deren Wälle jetzt Promenaden sind.

Trotz der Nähe von Stettin hat die Stadt in den letzten Jahrzehnten einen sichtbaren Aufschwung genommen.

Das übrige Hinterpommern ist nun verhältnismäßig schwer in natürlicher Weise zu gliedern. Die Flüsse, welche von dem Höhenrücken zur Ostsee laufen, geben gewisse Terrainabschnitte an, aber sie trennen nicht etwa Gebiete, die voneinander grundverschieden im Habitus und im Ertrag wären.

Stargard. Marienkirche.

Naturgemäß erscheint zunächst eine Längsgliederung, etwa an der westpreußischen Grenze die Seenzone im Süden, und dann im Norden die Küstenzone von Cammin bis Leba, dazwischen ein Übergangsgebiet, etwa die Zone von Plathe, Belgard, Stolp bezeichnend.

Aber auch damit lässt sich nicht eine Beschreibung glatt ohne Wiederholungen durchführen. Es macht den Eindruck, als wenn eben beide Einteilungsprinzipien den Charakter des Landes bestimmten.

Die Längsgliederung ist gegeben durch die Ablagerungen der diluvialen Gletscher, die sich langsam gegen Nordost zurückzogen, die Quergliederung entstand durch nachträgliche Bodenbewegungen, und so ist Gleiches in verschiedene Höhenlage gelangt.

Fährt man mit der Hauptbahn von Stargard nach Lauenburg, so wird man alle Flusstäler überschreiten, und besonders von Belgard an wird man wiederholt die Beobachtung machen, dass nach einer solchen tiefen, moorigen Flussrinne die Bahn in erheblichen Einschnitten auf ein Hochplateau hinaufsteigt.

Am Westrand desselben kommen alte Schichten zutage, darüber liegt Diluvium, oben Decksand, und langsam geht es dann zu der nächsten Furche wieder herunter. Man hat durchaus den Eindruck, als wenn diese Diluvialgebiete ähnlich wie Wollin größere Schollen mit erhöhtem Westrand wären. Von der Zusammensetzung des Bodens hängt natürlich die Bebauung ab. Daher findet man in den Tälern überall weite Wiesen mit Torfstichen, an dem Steilrand fast regelmäßig Wald und zwar vielfach Laubwald; dann kommt eine Ackerfeldzone, und oben auf der Hochfläche, wo lose Sande vorwalten, Nadelwald oder Heidelandschaft. Das ist der Charakter, der sich in Hinterpommern in der mittleren Zone stets wiederholt, aber natürlich lokal etwas abgeändert werden kann.

Wesentlich anders ist die Küstenlandschaft, die ja ein eigenes Klima wegen der Nähe des Meeres besitzt. Schon östlich von Cammin zeigen sich weite sumpfige Rinnen, welche hinter den Dünenwällen des Strandes bis Treptow an der Rega eine fast zusammenhängende Niederungszone darstellen.

Freienwalde. Wangeriner Straße.

Dasselbe tritt wieder bei Kolberg auf gegen Köslin und geht schließlich in die zahlreichen Strandseen über, von denen ja im Allgemeinen Teil die Rede war.

Einförmige Dünensande bilden mit wenigen Ausnahmen den Strand von Berg Dievenow bis nach Leba.

Bei Jershöft setzt die Zone der Wanderdünen ein (kleine Wollsäcke) und reicht bis zur Ostgrenze Pommerns. Dies ist eine Gegend, die bis dahin nur von kleinen Fischerdörfchen besetzt war, die aber heutigen Tages eine Masse von Badeörtchen aufweist.

Die Abgeschlossenheit dieser Landschaft, die ja selbst von der See her nur in Fischerbooten zugänglich ist, prägt sich darin aus, dass wir im Gebiet von Jamund, bei Groß-Möllen, noch eine altertümliche Tracht finden, und dass sich in der Gegend des Lebasees in diesen Niederungen sogar Reste der alten slawischen Bevölkerung erhalten haben. Ackerbau wird am Strand sehr wenig getrieben, weil der Sand alles verweht und sogar an manchen Stellen landeinwärts wandert.

Dicht hinter dem Strand entfalten sich die Moore, die höchstens Weiden und Torf, aber sonst keinen Ertrag geben. Verschiedene Herrscher haben in neuerer Zeit versucht, diese Gegenden zu entwässern; und sobald wir südlich der Moorfurche auf etwas höheres Gebiet hinaufgelangen, finden wir zahlreiche Dörfer, die aus solchen am Rand des Neulands gegründeten Kolonien hervorgegangen sind und sich gelegentlich aus demselben Grund an den Flüssen längs der Talränder hinziehen.

Der bedeutendste Ort der Küste ist **Kolberg**, eine Stadt von 23.000 Einwohnern, einst eine berühmte Festung, die in den Kriegen des 18. Jahrhunderts und außerdem in der Napoleonszeit eine große Rolle spielte, berühmt vor allem durch die heldenmütige Verteidigung durch Nettelbeck und Gneisenau.

Die mittelalterliche Bedeutung der Stadt beruht auf den Solquellen, die heutigen Tages noch fließen, ja durch Bohrungen vermehrt sind und auf dem sogenannten Münder Felde zwischen Kolberg und dem Hafen eine Anzahl von Badeanstalten ins Leben gerufen haben.

Kolbergermünde ist ein berühmtes Seebad mit ca. 8.000 Kurgästen, vorzugsweise von Polen besucht. Weniger bedeutend sind die Hafenorte **Rügenwalde** (6.000 Einwohner) und **Stolpmünde**, die nur Lokalverkehr besitzen. Rügenwalde ist aber durch Gänsezucht, Fischwaren und Wurstfabrikation ausgezeichnet. Ganz versandet ist der Auslauf der Leba.

Etwas Abwechslung kommt in die Küstenzone dadurch hinein, dass die glatte Uferlinie an manchen Stellen unterbrochen wird durch vereinzelte Erhebungen von Geschiebemergel.

Eine in die Küstenlinie aufgenommene Scholle haben wir bei Hoff, wo dieser Kern, einer starken Zerstörung ausgesetzt, die alte, im 13. Jahrhundert etwa 2 km vom Ufer auf der Höhe erbaute Kirche in seinen Untergang mitgerissen hat.

Ausgedehntere derartige Partien liegen nördlich der Wipper, zwischen Rügenwalde und Stolpmünde, außerdem zwischen Stolpmünde und der untersten Leba. Dort erheben sich isolierte Höhen sogar bis über 100 m und sind infolgedessen weithin sichtbar, sehr merkwürdige Berge, die auch in der Landschaft den Inselcharakter bewahren, den sie ursprünglich wirklich besaßen, bevor Sumpf, Moor und Dünensande alles miteinander ausglättend verbanden.

Die mittlere Zone Hinterpommerns beginnt etwa in der Gegend von Stargard und macht sich gegenüber dem flachen Land dadurch bemerkbar, dass in der Gegend von Trampke-Jacobshagen eine etwas erhöhte Grundmoränenebene beginnt und beinahe an den Endmoränenbogen im Süden heranreicht.

Es ist ein Gebiet, das von zahlreichen, im Allgemeinen nördlich gerichteten, langgestreckten Hügeln (Drumlins) durchzogen wird und fast ganz und gar der Feldkultur unterliegt, sodass wir nur wenig Wald in demselben haben.

Kolberg. Seesteg.

Kolberg. Leuchtturm.

Kolberg. Mole bei Sturm.

Belgard. Schillereiche im Gymnasialpark.
Blick auf die Leitznitzpromenade mit Kirchstraße.

Fährt man mit der Bahn nach Belgard, so ändert sich sehr bald das Bild, indem eine Reihe von unregelmäßigen Höhen und Hügelgruppen auftritt, in welche das Regatal bei Labes tief eingesenkt ist.

Rega abwärts haben wir bis Plathe und Greifenberg ebenfalls ein verhältnismäßig flaches, schwach hügeliges Gelände, in welchem Großgrundbesitz vorherrscht.

Weiter nach Nordosten hin liegt im Regatal die kleine Stadt **Schivelbein** mit altem Schloss, altem Tor und Backsteinkirche.

Dann, nachdem wir das Hügelland des Klorberges (179 m) rasch durchschnitten haben, tut sich eine weite Ebene auf, ganz mit Sand oder in den tieferen Teilen mit Moor bedeckt, die weite Fläche von Belgard an der mittleren Persante.

Belgard ist alte Slawenburg, liegt mit der alten Stadt ganz von Sumpf und Moor umgeben auf einem niederen Hügel und dehnt sich erst in neuerer Zeit über die Talfurche nach den Seiten hin aus.

Die weiten Sandstrecken ziehen sich nach Osten am Fuß der Zabelsberge weiter fort und tragen dort ausgedehnte einförmige Heiden und Kiefernwälder. Ihr Ende ist etwa Groß-Tychow, berühmt durch den größten erratischen Block Norddeutschlands.

Die Hauptbahn wendet sich nun nach Nordosten und erreicht nach Überschreiten des Radüetals **Köslin**.

Diese Stadt ist Sitz der Regierung und die drittgrößte Pommerns. Ursprünglich stark befestigt, sind jetzt die Wälle in angenehme Spaziergänge umgewandelt worden. Auf dem Markt erhebt sich ein Denkmal Friedrich Wilhelms I., der für die Stadt nach einem verheerenden Brand viel getan hat.

Bei der Stadt liegt eine Kadettenanstalt am Fuß des Gollenberges (137 m).

Belgard. Altes Amt.

Der Gollenberg ist eine der ausgeprägtesten, schon oben erwähnten Schol len, die sich über den sogenannten Mühlbach bei Köslin mit steilerem Gehänge erhebt und gegen Zanow nach Osten langsam absinkt. Er ist ein sonderbarer Hügelzug, an dessen Fuß braunkohlenhaltige Schichten herauskommen, sodass die Hoffnung bestand, dort Kohlen zu erschließen.

Es hat sich aber ergeben, dass hier eine gewaltige Überschiebung vorliegt, ein Beweis, wie sehr jungtektonische Bewegungen den Boden Pommerns betroffen haben.

Der Gollenberg ist mit Wald bestanden, und diese Forste ziehen sich fast ununterbrochen bis in die Gegend von Pollnow hin, also an den Oberlauf der Grabow, wo der Endmoränenbogen bereits ganz nahe ist. Der eben erwähnte Ort **Zanow** ist berühmt wegen seiner Zündholzindustrie.

Die Bahn zwischen Köslin und Zanow durchquert den Gollenberg in einem für Norddeutschland außergewöhnlich tiefen Einschnitt.

Von den Höhen des Rückens aus genießt man eine weite Aussicht auf das im Norden angrenzende, vom Mühlbach, Nestbach und anderen Flüsschen angeschwemmte Wiesenland, das sich langsam in den Strandseen verliert, und ganz in der Ferne auf die weißleuchtenden Dünenketten der Jamunder Küste. Nachdem die Grabow überschritten ist, erreicht die Bahn **Schlawe**, eine kleine Stadt von hohem Alter, an der Wipper gelegen. Dieser Fluss ist im Unterlauf durch Friedrich den Großen einigermaßen kanalisiert worden und erreicht nach einer großen eigentümlichen Krümmung bei Rügenwalde die Ostsee.

Weiterhin haben wir an der Stolpe die Stadt **Stolp**, wo einstmals eine nicht unbedeutende Bernsteinindustrie bestanden hat.

Stolp. Rathaus.

Dann geht es über Hochflächen mit Wald, viel Sand, einzelnen Ackerfeldern hinweg, landeinwärts, an die Ostgrenze Pommerns zu dem Ort Lauenburg an der Leba.

Lauenburg, eine Gründung der deutschen Ritterorden, hat eine für frühere Zeiten sehr feste Lage besessen und ist heutigentags durch eine gewisse Industrie im Aufblühen begriffen.

Lauenburg. Panorama.

Das untere Lebatal ist durch den Brenckenhofkanal entwässert worden und daher jetzt, wenigstens zum Teil, zu Wiesen benutzbar.

Hervorzuheben ist, dass zwischen Lauenburg und Leba sich die Hügellandschaft bis hart an die See heranzieht und infolgedessen Charaktere in der Nähe des Strandes zeigt, die sonst mehr im Innern des Landes zu finden sind.

Es macht sich in diesem Gebiet ebenso wie im äußersten Zipfel bei Ossecken schon der Einfluss jener Hügel bemerkbar, welche die Gegend von Oliva und Danzig charakterisieren und die durch das Emportauchen von Tertiär und Kreide unter dem Diluvium bezeichnet werden.

Wir kommen mit diesen Höhen bereits in das Gebiet des Endmoränenzuges, der südlich von Lauenburg am nächsten an die Küste herantritt, bevor er mit weitem Bogen durch Westpreußen nach Süden abschwenkt. So gelangen wir auf dem Rückweg gegen Westen durch die dritte Zone Hinterpommerns, durch die höchsten Teile des südbaltischen Landrückens.

Der Endmoränenzug, welcher von Arnswalde bis in die Gegend von Bütow in direkt nordöstlicher Richtung verläuft, hebt sich im Gelände nur verhältnismäßig wenig heraus. Zwar beobachten wir eine Menge von einzelnen Hügeln und Kuppen, gelegentlich auch zusammenhängende Ketten.

Wir sehen, dass manche derselben gegen Süden ziemlich schroff absetzen und sich dadurch von einem Vorland, das zur Netze sich abdacht, unterscheiden. Wer aber bedeutende Höhenunterschiede erwartet, wird sehr enttäuscht sein. Der Charakter der Landschaft ist Unregelmäßigkeit, die sich auch darin ausprägt, dass wir alle Augenblicke auf einen größeren oder kleineren See stoßen. Aber diese sind selten einfach gestaltet, die meisten vielfach gelappt, ausgebuchtet oder lang gestreckt und gegabelt.

Die Seen ordnen sich zu Ketten zusammen, die z. B. im Pielburger See 15 km lang sich fortziehen und schließlich in irgendein zur Netze führendes Tal einmünden.

Torfsenken und Moore liegen überall als Reste abgestorbener Seen und Teiche zwischen den Höhen, häufig abflusslos oder erst in neuerer Zeit künstlich durch mächtige Wassergräben entwässert.

Der Höhenrücken selbst trägt auf weite Flächen hin Wald, dort, wo er sandiger ist, Kiefernbestände, wo der Geschiebemergel näher der Oberfläche liegt, Eichen- oder Buchenwald.

Der Ackerbau ist recht erschwert durch die gewaltigen Steinmassen, die überall im Boden stecken und die sich an manchen Stellen derart anhäufen, dass eine Feldbestellung unmöglich wird und das Gelände, soweit es nicht der Forstkultur unterliegt, nur als Weide dienen kann.

In manchen tiefen eingerissenen Tälern mit ihren waldumsäumten Seen haben wir oft Landschaftsbilder von großem Reiz, ähnlich denen in der Gegend von Eutin und Plön im südlichen Holstein. Dazwischen schieben sich aber oft weite einförmige Heidestrecken ein.

Das Gebiet des Endmoränenbogens ist von Osten und von Süden kolonisiert worden, im Wesentlichen durch die Ritterorden, welche am Rand der Forste ihre Schlösser errichteten und dadurch kleine Städte gründeten.

Dahin gehört zunächst **Bütow**, dessen hochgelegenes, viertürmiges, massives Schloss noch heute erhalten ist.

Dann haben wir in dieser Zone **Falkenburg, Tempelburg und Dramburg,** die durch ihre Namen schon ihre Entstehungsart andeuten. Südwestlich von Bütow liegt der höchste Berg der Provinz, der Schimmritzberg (256 m).

Dann gelangen wir über **Rummelsburg**, hart an der Wasserscheide zwischen der Ostsee und dem Netzegebiet vorbei, in die Gegend von **Neustettin** (11.000 Einwohner), hübsch am Streitzigsee gelegen. Nördlich der Stadt breitet sich der große Vilmsee aus.

Die Seenzone, neuerdings durch eine Bahn zugänglich gemacht, zieht

Falkenburg. Partie am Schwanenteich.

Bad Polzin. Weg zum Luisenbad.

sich über Pielburg und Tempelburg, wo man an den ebenfalls recht stattlichen, mannigfach gelappten Dratzigsee hinankommt, über Falkenburg nach Dramburg und erreicht damit die Linie des eigentlichen Endmoränenbogens, der bei **Nörenberg** am Enzigsee nach Süden hin abbiegt und die Stargarder Geschiebemergelebene südlich umschließt.

Das Vorland von Bütow bis Dramburg ist der bereits geschilderte große Sand, das Ablaufgebiet der Schmelzwassermassen, die der Netze zuströmten, und gehört bereits der Provinz Westpreußen an.

Am Nordrand dieser dritten Zone ist der in einer tieferen Talfurche niedlich gelegene Ort **Polzin** (5.000 Einwohner) zu erwähnen, bekannt durch seine Eisenquellen, welche ziemlich gut besucht werden, und die zugehörigen Kuranlagen.

Dann haben wir den kleinen Ort **Bublitz**, geologisch durch seine Endmoränenlandschaft interessant, und etwas nördlich davon **Varzin**, den bekannten Wohnsitz des Fürsten Bismarck.

Bad Polzin. Marienbad.